Edizioni **DF**A**C**
Edizioni DeltaFoxtrot Aviation Consulting

Corso di

RADIOTELEFONIA AERONAUTICA

Sviluppato in accordo al programma Ministeriale per il conseguimento del
"Certificato Limitato di Radiotelefonista per Aeromobili Civili" Italiano/Inglese

Piloti, Controllori del Traffico Aereo, Operatori Servizio Informazioni Volo

Le procedure radiotelefoniche ivi descritte sono contenute nel

ICAO Doc 9432 Manual of Radiotelephony e
Fraseologia Aeronautica-Linee Guida ENAC
EUROCONTROL Manual for Aerodrome Flight Information Service

© **Daniele Fazari - Autore**

Presentazione

Ciao a tutti, mi chiamo Daniele.

Voglio farvi una presentazione su di me e i motivi che mi hanno portato alla creazione del presente libro.

Sono nato a Sassari nel 1982. Fin da piccolo ho amato e amo tutt'ora il mondo dell'Aviazione. Questo nostro mondo, che fin da piccolo mi faceva stare a naso in su per vedere gli aerei che solcavano i cieli, e le loro scie. Quante cadute dalla bicicletta…
All'età di 15 anni, correva l'anno 1997, sono partito per Forlì, per frequentare l'Istituto Tecnico Aeronautico "Francesco Baracca".
Ha così inizio il mio percorso formativo, finalmente i miei sogni iniziano a diventare realtà.

Nel Giugno del 2001, conseguo il Certificato Limitato di Radiotelefonista per Aeromobili Civili in Lingua Inglese, primo scalino del mio lungo percorso.

Finalmente nel 2003, con molti sacrifici (Non è facile per un ragazzo lasciare Famiglia e Amici), conseguo il Diploma di Perito Tecnico del Trasporto Aereo ad indirizzo Navigazione Aerea e Assistenza alla Navigazione Aerea.

Durante l'iter scolastico, ho frequentato i corsi di volo che mi hanno portato ad ottenere la Licenza di Pilota Privato di Velivolo nel Marzo 2004. Completato gli studi nel Luglio 2003 ed ottenuto il diploma di "Perito Tecnico del Trasporto Aereo, progetto Alpha ad indirizzo Navigazione Aerea e Assistenza alla Navigazione Aerea", ho iniziato il mio percorso lavorativo quale Assistente al Traffico Aereo - Operatore del Servizio Informazioni Volo presso Torri AFIU e FIC, e successivamente Controllore del Traffico Aereo, impiego ricoperto tutt'ora.

La mia passione e il mio amore per il mondo Aeronautico, unito alla spinta dei miei amici Domenico, Marco e Giampiero, mi ha portato ad ottenere l'Attestato VDS/VM-Avanzato per il volo da Diporto e Sportivo e iniziare così a conoscere e vivere un mondo parallelo a quello dell'Aviazione Generale e Commerciale.

Nel Novembre 2011, dopo aver ottenuto l'Iscrizione all'Albo dei Periti ed Esperti Categoria XXI-Attività Marittime, Aeree e di Navigazione Interna; Sub-categoria: Aeronautica (condotta della navigazione, attrezzatura e manovra degli aerei), ho dato vita a DeltaFoxtrot Aviation Consulting, con la quale fornisco servizi di consulenza aeronautica.

La mia breve esperienza di insegnamento presso varie scuole di volo, mi ha portato a confrontarmi con allievi di varie età, con la quale ho avuto modo di confrontarmi e di apprendere da ogni uno di loro i vari approcci per l'insegnamento, portandomi a scrivere dei manuali teorico/pratici, che oggi voglio riproporre sotto forma di libro.

Un sentito ringraziamento ai miei amici che mi hanno sempre supportato in questo progetto, a tutti coloro che ho avuto modo di conoscere durante i miei periodi di insegnamento e di lavoro con i quali e dai quali ho appreso molto (per la serie, che si è sempre allievi), nonché tutti coloro che leggeranno il mio libro.

Grazie Daniele

Dedicato a mia moglie Serena

e i miei figli

Denny, Samantha e Isabella

… ricordando loro, che i sogni possono diventare realtà!!!

Premessa

Scopo del presente manuale, è quello di illustrare le procedure radiotelefoniche Aeronautiche, siano esse impiegate in ambito civile o militare, necessarie al fine dell'ottenimento del Certificato Limitato di Operatore Radiotelefonista per Aeromobili Civili (Italiano/Inglese) rilasciato dal Ministero dello Sviluppo Economico-Comunicazioni, nonché per il successivo ottenimento della certificazione linguistica di livello (TEA Test of english for aviation).

Il presente libro è suddiviso in quattro parti:
1) Parte teorica.
2) Teoria Radiotelefonica
3) Fraseologia Standard
4) Parte pratica con esempi di varie situazioni.

Il presente libro è redatto in accordo al ICAO Doc 9432 Manual of Radiotelephony e alla Fraseologia Aeronautica-Linee Guida ENAC (reperibili in formato .pdf sui siti web ICAO e ENAC), nonché . EUROCONTROL Manual for Aerodrome Flight Information Service (AFIS), Ed. 1.0 .

Il libro tratta inoltre la fraseologia impiegata dai voli militari (limitata ad alcune situazioni) sempre più di uso comune fra i Controllori del Traffico Aereo e Operatori FIS.

Buona lettura
Daniele

ORGANIZZAZIONE E FONTI NORMATIVE

Cenni sulle organizzazioni internazionali

- ***ICAO (International, Civil Aviation Organization),***

  Organizzazione internazionale dell'aviazione civile è un'agenzia autonoma facente parte delle Nazioni Unite, nata dopo la firma della convenzione sull'aviazione civile internazionale, più nota come convenzione di Chicago, il cui scopo è quello di sviluppare la navigazione aerea internazionale, delle rotte e degli aeroporti nonché promuovere la progettazione e lo sviluppo del trasporto aereo internazionale, standardizzandolo fra i vari stati aderenti, rendendolo inoltre più sicuro e ordinato.
  Il Consiglio della ICAO adotta degli standard e delle raccomandazioni riguardanti la navigazione aerea e l'aviazione civile. L'ICAO definisce inoltre i protocolli per le indagini sugli incidenti aerei seguiti dalle autorità per la sicurezza del trasporto aereo. *L'ICAO*, emana documenti e raccomandazioni, per la regolamentazione del settore del trasporto aereo.

  Essi sono:

  - ➢ *ANNESSI* - Documenti prodotti da O.A.C.I. e attualmente sono 19.

    - ○ Annesso 1: Licenze del personale
    - ○ Annesso 2: Regole dell'aria
    - ○ Annesso 3: Meteorologia
    - ○ Annesso 4: Carte aeronautiche
    - ○ Annesso 5: Unità di misura da usarsi nelle comunicazioni terra/bordo/terra
    - ○ Annesso 6: Operazioni degli aeromobili
    - ○ Annesso 7: Marche di nazionalità e di immatricolazione degli aeromobili
    - ○ Annesso 8: Aeronavigabilità degli aeromobili
    - ○ Annesso 9: Facilitazioni
    - ○ Annesso 10: Telecomunicazioni aeronautiche

- o Annesso 11: Servizi del traffico aereo
- o Annesso 12: Ricerca e soccorso
- o Annesso 13: Inchieste sugli incidenti aeronautici
- o Annesso 14: Aerodromi
- o Annesso 15: Servizio di informazioni aeronautiche
- o Annesso 16: Protezione ambientale
- o Annesso 17: Misure di sicurezza contro gli atti di interferenza illecita
- o Annesso 18: Misure di sicurezza per il trasporto aereo di merci pericolose
- o Annesso 19: Gestione della sicurezza (Safety Management).

> *Doc* – Documenti prodotti da I.C.A.O. in aggiunta agli annessi. I docs più importanti per piloti e controllori del traffico aereo sono:
- o Doc 7910: Indicatori di località
- o Doc 9432: Fraseologia
- o Doc 8585: Designatori compagnie aeree
- o Doc 4444: Gestione del traffico aereo
- o Doc 8643: Designatori tipi di aeromobili

> *SUPPS* – Procedure supplementari emesse dall' ICAO. Ogni stato aderente all'ICAO, deve notificare alla stessa eventuali varianti ai regolamenti emessi, queste varianti prendono il nome di "Regional Supplementary Procedures e sono raccolte in un Doc, noto come Doc 7030.

> *SARPS* - Procedure Standard e Pratiche Raccomandate, documenti emessi dall'ICAO la cui adesione non è obbligatoria, resta però l'obbligo da parte dello stato di notificare tutto ciò che non è conforme ai documenti ICAO.

La sede dell' ICAO si trova a Montréal, in Canada.

- *WMO (World Meteorological Organization).*

  L'OMM (Organizzazione Meteorologica Mondiale) è un'agenzia delle Nazioni Unite nel campo della meteorologia, idrologia e le relative scienze geofisiche.
  Fra gli scopi del OMM, vi è quello di facilitare la cooperazione internazionale per creare una rete di stazioni al fine di effettuare rilevamenti meteorologici e di previsione. Promuovere lo scambio delle informazioni meteorologiche, e standardizzare le informazioni statistiche, nonché promuovere la ricerca nel campo meteorologico.

  L'organizzazione ha base a Ginevra (Svizzera).

Cenni sulle organizzazioni nazionali

- *ENAC, Ente Nazionale per l'Aviazione Civile.*

  L'ENAC, è l'autorità italiana di regolamentazione, certificazione e vigilanza nel settore dell'aviazione civile soggetta al controllo del Ministero delle infrastrutture e dei trasporti.

  L'ENAC nasce dalla ridenominazione della DGAC (Direzione Generale Aviazione Civile) a cui sono confluiti anche i suoi compiti. Inoltre sono stati conferiti i compiti del RAI (Registro Aeronautico Italiano) e dell'ENGA (Ente Nazionale Gente dell'Aria).
  Tra i compiti dell'ENAC vi sono quelli di regolamentazione tecnica ed attività ispettiva di certificazione, di coordinamento e di controllo, nonché tenuta dei registri e degli albi di competenza (Licenze di volo e di esercizio del trasporto aereo ecc.).

  Fra le altre, razionalizzare le procedure attinenti ai servizi aeroportuali, attività di coordinamento con l'Ente nazionale di assistenza al volo e con l'Aeronautica militare; Instaurare rapporti con enti, società ed organismi nazionali ed internazionali che operano nel settore dell'aviazione civile, ogni altra attività collegata al mondo dell'aviazione civile.

- **AMI , *Aeronautica Militare Italiana.***

  L'Aeronautica Militare, è la forza armata, alle dipendenze del Ministero della Difesa, incaricata della difesa dello spazio aereo nazionale. Oltre ai compiti di difesa aerea, essa è incaricata delle attività di Ricerca e Soccorso (SAR), voli trasporto sanitari di emergenza, voli di stato delle più alte autorità governative, voli di trasporto tattico in ambienti di pace e ostili.

- ***L'ENAV (Ente Nazionale di Assistenza al Volo).***

  L'ENAV è una società per azioni che opera come fornitore in esclusiva di servizi alla navigazione aerea civile all'interno dello spazio aereo nazionale di competenza. Oltre alla gestione del traffico aereo civile e "militare" (limitato ad alcuni tipi di operazioni), essa si occupa della pubblicazione nazionale aeronautica (AIP), della emissione dei Notam, servizio meteo. Il servizio fornito è quello di controllo del traffico aereo, gestito da 4 centri di controllo d'area e da 40 torri di controllo. Si occupa inoltre di formazione professionale, tramite il centro addestramento Academy sito in Forlì.

- **ANSV, Agenzia Nazionale per la Sicurezza del Volo.**

  L'Agenzia nazionale per la sicurezza del volo (ANSV) è stata istituita con il decreto legislativo 25 febbraio 1999, n. 66, in attuazione della direttiva comunitaria 94/56/CE del Consiglio del 21 novembre 1994.
  Essa si identifica con l'autorità investigativa per la sicurezza dell'aviazione civile dello Stato italiano. Come tale è un'autorità pubblica, caratterizzata da ampia autonomia, posta in posizione di terzietà rispetto al sistema aviazione civile, a garanzia della obiettività del proprio operato. L'ANSV è stata posta sotto la vigilanza della Presidenza del Consiglio dei Ministri.

  L'ANSV svolge:
  - Svolgere, a fini di prevenzione, le inchieste di sicurezza, relative agli incidenti ed agli inconvenienti occorsi ad aeromobili dell'aviazione civile, emanando, se necessario, le opportune raccomandazioni di sicurezza; lo scopo delle inchieste in

questione è di identificare le cause degli eventi, al fine di evitarne il ripetersi; le inchieste di sicurezza hanno quindi unicamente finalità di prevenzione.

> Svolgere attività di studio e di indagine per assicurare il miglioramento della sicurezza del volo

- **L'Aero Club d'Italia - AeCI.**

L'Aero Club d'Italia (AeCI) è un ente di diritto pubblico, con sede a Roma, sottoposto alla vigilanza del Ministero delle Infrastrutture e dei Trasporti, del Ministero della Difesa, del Ministero dell'Economia e delle Finanze, dalla Presidenza del Consiglio dei Ministri e del Ministero dell'Interno.

L'Aero Club d'Italia riunisce tutte le Associazioni e/o Enti che promuovono il volo in tutti i suoi aspetti; volo turistico, volo ultraleggero, volo acrobatico, volo a vela, deltaplano, pallone aerostatico, paracadutismo.

Scopo principale dell'AeCI è quello della promozione, diffusione di tutte le forme di volo e aggiornamento di tutti i suoi associati.

L'AeCI è federata al CONI (Comitato Olimpico Nazionale Italiano) ed è l'unica ad essere riconosciuta per le attività sportive aeree.

L'AeCI inoltre è l'unica a rappresentare l'Italia presso la FAI (Federazione Aeronautica Internazionale).

Con l'entrata in vigore del D.P.R. 133/2010, si ha una svolta nel settore da diporto e sportivo, infatti grazie alle regolamentazioni ivi contenute, l'Aero Club d'Italia può certificare gli aeromobili e equipaggi "avanzati", rendendo possibile far operare loro presso una serie di aeroporti (secondo l'elenco stilato da ENAC).

Il D.P.R. 133/2010 è allegato al presente libro in appendice 1.

I SERVIZI DI ASSISTENZA ALLA NAVIGAZIONE

Servizio di Informazioni Aeronautiche
Aeronautical Information Services AIS

- ### *AIS (Aeronautical Information Services)*

  Il servizio di informazioni aeronautiche, è quel servizio che ha lo scopo di notificare e divulgare al personale aeronavigante, i regolamenti le procedure e le facilitazioni presenti all'interno dello stato titolare della pubblicazione delle informazioni.
  Le pubblicazioni obbligatorie a tale scopo, per notificare procedure e regolamenti al personale aeronavigante sono:

  - A.I.S. – Aeronautical Information Services
  - A.I.P. – Aeronautical Information Pubblication
  - A.I.C. – Aeronautical Information Circular
  - A.I.R.A.C - Aeronautical Information Regulation And Control
  - NOTAM – Notice to Airman

- ### *AIP (Aeronautical Information Pubblication)*

  Pubblicazione contenente info a carattere duraturo per la navigazione aerea. Esso contiene tutti i regolamenti e procedure applicate sul territorio di pubblicazione.

  - L'AIP Italia nel Vecchio formato, era suddiviso in sezioni, di seguito riportate: GEN-AGA-COM-MET-RAC-FAL-SAR-MAP

  - Il formato del nuovo AIP Italia e suddiviso in:

    - o Parte1 GEN (general)
      - Gen0 prefazione
      - Gen1 Regolamenti e requisiti nazionali
      - Gen2 Tabelle e codici

- Gen3 Servizi
- Gen4 Tariffe

- Parte 2 ENR (enroute)
  - Enr0 Indice
  - Enr1 Regole e procedure generali
  - Enr2 Spazi aerei dei svz del traffico aereo
  - Enr3 Rotte ATS
  - Enr4 Sistemi/aiuti di radionavigazione
  - Enr5 Avvisi per la navigazione
  - Enr6 Carte di navigazione

- Parte 3 AD (Aerodromes)
  - AD0 Indice
  - AD1 Aeroporti/Eliporti Introduzione
  - AD2 Aeroporti
  - AD3 Eliporti

NOTAM (Notice to AirMan)

I NOTAM, contengono informazioni di breve durata, il cui contenuto, non essendo a carattere permanente, non necessita della pubblicazione in AIP.

Oltre al contenuto di informazioni con durate che vanno da 30' a 90 giorni, il notam ricopre anche il ruolo di portare l'informazione al personale con carattere di urgenza.

Il NOTAM, viene emesso con carattere di urgenza, ogni qualvolta si venga a modificare quelle informazioni di carattere permanente, la cui tempestività dell'informazione deve essere riportata ai piloti.

Ad esempio, vengono riportati tramite NOTAM, variazione di orari di servizio, malfunzionamenti di sistemi di navigazione, sistemi luci, ostacoli, inutilizzo di porzioni di area di manovra, ecc.

Essi sono suddivisi in serie:

➤ A = per Aerodromi di interesse internazionale. (pubblicati in AIP)
➤ B = per Aerodromi di interesse internazionale e nazionale (pubblicati in AIP)

- C = per i soli aerodromi di interesse nazionale (pubblicati in AIP)
- M = per aerodromi militari.
- S = SNOWTAM, per comunicare neve, ghiaccio o fango sulla pista.
- W = avvisi alla navigazione aerea, attività pericolose.

I NOTAM inoltre sono suddivisi in classi:

- N = Nuovo Notam (NOTAMR)
- C = Cancella un Notam (NOTAMC)
- R = Sostituisce un Notam (NOTAMR)

Ai NOTAM è assegnato un numero progressivo seguito dall'anno di emissione.

Esempi:

- *A0132/16 NOTAMN : NOTAM classe A numero 0132 anno 2016, nuovo*
- *A0135/16 NOTAMR A0132/16: NOTAM classe A numero 0135 anno 2016, rimpiazza NOTAM classe A 0132 anno 2016.*
- *A0150/16 NOTAMC A0132/16: NOTAM classe A numero 0150 anno 2016 che cancella NOTAM classe A 0132 anno 2016.*

A.I.C. (Aeronautical Information Circulars).

L'A.I.C. Avviso contenente informazioni che non riguardano Notam o non necessitano di pubblicazione in AIP Italia, ma sono connesse alla sicurezza del volo ed alla navigazione aerea e riguardano argomenti tecnici, amministrativi o di legislazione a carattere duratturo.

A.I.R.A.C (Aeronautical Information Regulation And Control).

Vengono inserite nel ciclo AIRAC, pubblicato ogni 28 giorni o ogni 56 giorni (informazioni di carattere rilevante) i quali necessitano la

modifica della documentazione pubblicata in AIP Italia (cartine di volo, cartine aeroportuali, regolamentazioni ecc.).
L'emissione di un AIRAC (AMDT/SUP) è preceduta dall'emissione di un NOTAM detto TRIGGER NOTAM il quale anticipa i contenuti dell'emendamento/supplemento.

- **L'ufficio aeroportuale competente (ARO) e il piano di volo.**

  L'Air Traffic Services Reporting Office abbreviato ARO, è un ente istituito allo scopo di ricevere le informazioni emesse dal Servizio informazioni aeronautiche ed i piani di volo presentati dagli equipaggi prima della partenza. Gli ARO gestiti da ENAV, sono stati raggruppati in due centri nazionali di Milano e Roma e denominati CBO (Central Briefing Office)

- **Conservazione dei documenti cartacei e delle registrazioni magnetiche del traffico aereo,**

  I documenti vengono conservati per 90 giorni, se documenti scritti, e 30 giorni le registrazioni T/B/T su supporti magnetici.
  I dati meteo storici, vengono conservati in apposito archivio detenuto dal fornitore del servizio, per fini statistici.

Servizi del Traffico Aereo
Air Traffic Services ATS

I servizi ATS, sono servizi erogati al traffico aereo da un fornitore di servizi della navigazione aerea.
I servizi del traffico aereo sono così suddivisi:

  ➢ Servizio di Controllo del Traffico Aereo (ATC).
  ➢ Servizio Informazioni Volo, incluso il Servizio Informazioni Volo Aeroportuale (FIS/AFIS).
  ➢ Servizio Consultivo per il Traffico Aereo (ADS).
  ➢ Servizio di Allarme (ALRS).

- **Obbiettivi dei Servizi del Traffico Aereo.**

  Gli obiettivi dei servizi del traffico aereo sono:

  - Prevenire le collisioni fra aeromobili
  - Prevenire le collisioni fra aeromobili sull'area di manovra ed ostacoli presenti sulla stessa
  - Accelerare e mantenere un ordinato flusso del traffico aereo
  - Fornire consigli ed informazioni utili per la sicura ed efficiente condotta dei voli
  - Notificare agli appropriati Enti notizie, circa gli aeromobili che necessitano di ricerca e soccorso ed assistere tali enti come necessario.

- **Classificazione degli spazi Aerei.**

  In Italia lo spazio aereo, è suddiviso in tre Regioni di Informazione al Volo (FIRs, Flight Information Regions): Milano, Roma e Brindisi. All'interno di esse esistono ulteriori spazi aerei, concepiti diversamente a seconda delle esigenze e della tipologia di traffico aereo.

  - **FIR** – *Flight Information Region*, spazio aereo non controllato che si estende da Ground e fino a FL195 (incluso). All'interno della fir è fornito il servizio informazioni volo (FIS) e di allarme (ALRS – a chi ha presentato il piano di volo o ne faccia richiesta). Lo spazio è classificato "G".

  - **UIR** – *Upper Information Region*, spazio aereo che si estende da FL200 (incluso) fino a UNL (illimitato). Lo spazio da FL200 a FL460 è controllato ed è classificato "C", viene fornito il servizio di controllo (ATCS- che comprende ATCS, FIS, ALRS). Lo spazio compreso tra FL460 (escluso) e UNL è classificato "G" e viene fornito il servizio FIS e ALRS.

  - **CTR** – *Control Zone*. Spazi aerei controllati di dimensioni ben definite. Una porzione di essi può partire dal suolo fino a un livello superiore specificato, qualora il CTR non parta dal suolo le altezze o altitudini sono sempre specificati. Le dimensioni laterali dei CTR sono tali da contenere al suo interno le procedure di partenza strumentale (SID-standard instrumental departures) o di arrivo (STAR – standard terminal arrivals route).

I CTR "non radarizzati" sono normalmente classificati "D", mentre i CTR "radarizzati" sono normalmente classificati "C".

I CTR militari sono sempre classificati "D" fino a FL195 (incluso) e "C" da FL195 incluso fino a livello superiore specificato.
All'interno dei CTR sono inglobate le ATZ, la quale ne prendono la classificazione.

> **ATZ** – *Aerodrome Traffic Zone*. Zone di Traffico Aeroportuale sono spazi aerei aventi dimensioni ben definite ubicate attorno ad un aerodromo a protezione del suo traffico. Il traffico di aerodromo, è tutto quel traffico che opera nei circuiti di traffico aeroportuale, decollo o arrivo.

Gli ATZ possono essere sede di Aerodromi controllati (Torri di controllo) o Aerodromi non controllati (AFIU - Aerodrome Flight Information Unit). Esistono ATZ senza alcun ente ATS. Le ATZ non ubicate in un CTR è provviste di torre di controllo vengono chiamate a regolamentazione speciale (es. Roma Urbe TWR).

> **TMA** – *Terminal Area*- Aree Terminali, sono vietate al VFR e classificate "A". Sono spazi aerei controllati che si estendono da 1500ft AGL o 2500ft AMSL (quale dei due più alti) fino a FL195.
Le TMA sono costituite per contenere al suo interno più CTR ad intenso traffico aereo, al fine di agevolare le SID e STAR.

> **AWY** – *Airway* – Aerovia . spazio aereo che si estende dal MEL (Mean Enroute Level) fino a livello di volo FL195. Dal MEL a FL115 sono classificate "E" e vi si può volare anche senza contatto radio, da FL115 a FL195 sono classificate "D"

ed è obbligatorio il contatto radio e l'autorizzazione ATC all'impiego dello spazio aereo.

- ➢ **CTA** – *Control Area*- Regione di Controllo. La CTA è l'insieme dello spazio aereo composto dalla TMA e AWY.

- ➢ **Rotta ATS.** Per Rotta ATS, si intende un termine generico che può indicare una Aerovia (AWY - Airway), una Rotta a Servizio Consultivo (ADR - Advisory Route), una Rotta Condizionata (CDR - Conditional Route), una Rotta RNAV (Rotta a navigazione d'area) o una Rotta VFR (VFR Route).

  - o *Rotta ATS*, sono le AWY che si trovano nello spazio aereo superiore, ovvero al di sopra di FL195 (escluso)

  - o *Rotta ADR*, sono rotte a servizio consultivo, ovvero, sono delle vere e proprie aerovie, ma la mole di traffico che le vola è talmente esigua da non giustificare un servizio di controllo del traffico aereo, ma bensì solo servizio informativo ovvero consultivo.

    Il pilota riceve le informazioni dagli operatori del traffico aereo sotto forma di suggerimento, poi sarà lui stesso a decidere se adempire o meno al suggerimento, una sorta di servizio AFIS in rotta. (Le rotte ADR non esistono più in Italia).

  - o *Rotta CDR*. Sono rotte condizionali, le quali possono essere attivate o disattivate in base alle esigenze del traffico aereo.

Esse sono suddivise in:

- ❖ CDR 1: Rotte pianificabili in accordo a giorni e orari pubblicati.
- ❖ CDR 2: Non previste in Italia.
- ❖ CDR 3: Rotte non pianificabili, utilizzabili solo su istruzione del controllo del traffico aereo al momento del sorvolo.

➤ **Rotta RNAV.** Le Rotte a Navigazione d'Area, sono rotte seguite dagli aeromobili senza riferimento a radioassistenze di terra, ma utilizzando bensì i sistemi di **Navigazione Inerziale (INS-Inertial Navigation System)**, GPS o altri sistemi autonomi di bordo.

➤ **Rotte VFR.** Le Rotte VFR sono instradamenti dedicati agli aeromobili che volano secondo le regole del volo a vista. Esse sono principalmente contenute all'interno dei CTR/ATZ

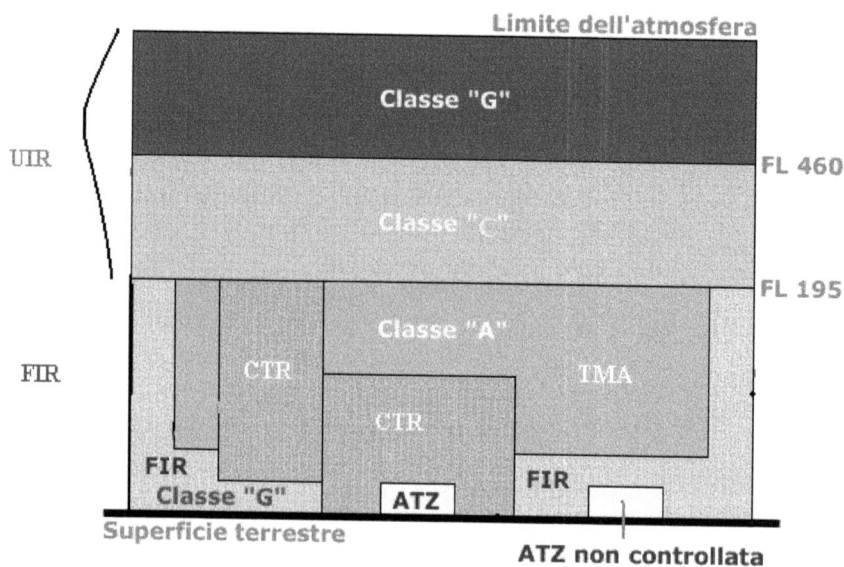

Breve schema a blocchi della suddivisione verticale dello spazio aereo

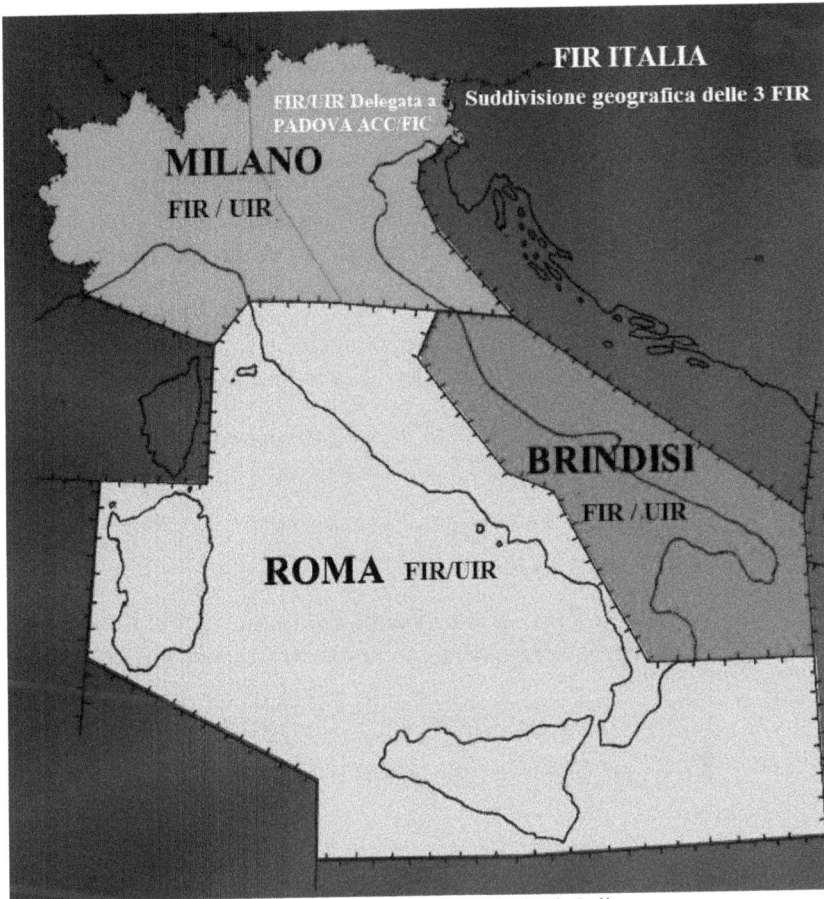

FIR ITALIA

Suddivisione geografica delle 3 FIR

FIR/UIR Delegata a
PADOVA ACC/FIC

MILANO
FIR / UIR

BRINDISI
FIR / UIR

ROMA FIR/UIR

Suddivisione delle regioni informazioni volo Italiane

Nota: La FIR di Milano è suddivisa territorialmente fra gli ACC/FIC di Milano e Padova

Gli spazi aerei Italiani, sono suddivisi in spazi aerei controllati e spazi aerei non controllati.

Gli spazi aerei controllati acquisiscono una classe che va dalla "A" alla "E", mentre gli spazi aerei non controllati hanno una classe che va dalla "F" alla "G".

In Italia, limitatamente allo spazio aereo di classe "E", ovvero la porzione di Aerovia che va dal MEL (Livello minimo in rotta a FL115) per i voli VFR è considerato spazio aereo non controllato.

Di seguito la classificazione che acquisiscono gli spazi aerei.

> **ATZ** - "C" e "D" (con ATZ ubicate in CTR), "G" (con ATZ sedi di aerodromo non controllato o aerodromo a regolamentazione speciale).

> **CTR** - "C" e "D" ("C" solitamente se fornito servizio radar e "D" se servizio non radar o diversamente specificato)

> **TMA** - "A" (esclusi i CTR/ATZ diversamente classificati, i settori VFR e le zone R e D quando attive).

> **AWY** - "E" per lo spazio aereo tra MEL e FL115 e "D" per lo spazio aereo tra FL120 e FL195.

> **UIR** - "C" per lo spazio aereo compreso fra FL200 e FL460 e "G" per lo spazio aereo compreso fra FL460-UNL

> **FIR** - "G" per lo spazio aereo tra SFC e FL195 (incluso)

> **ADR** - "F" per le rotte tra MEL e FL195.

- **Regole del VFR Speciale.**

ATZ : Il VFR speciale, è una condizione particolare che si presenta al raggiungimento delle seguenti condizioni Meteorologiche sull'Aeroporto.

> Visibilità orizzontale al suolo inferiore a 5 km
> Ceiling inferiore a 1500 ft.

Se non si ha richiesto e ottenuto un'autorizzazione al VFR speciale da parte del controllo del traffico aereo, il volo in VFR non è consentito.

L'ottenimento dell'autorizzazione al VFR speciale, permette di poter operare con visibilità orizzontale al suolo fino a 1500 mt (800 mt per gli elicotteri).

Il VFR/S può essere richiesto dal pilota per decollare al fine di uscire dall'ATZ, operare in ATZ, entrare in ATZ per l'atterraggio, sorvolare l'ATZ.

CTR: Le operazioni in VFR, non sono consentite nei CTR al raggiungimento delle seguenti condizioni Meteorologiche sull'Aeroporto.

- ➢ Visibilità orizzontale al suolo inferiore a 5 km
- ➢ Ceiling inferiore a 600 ft

L'ottenimento dell'autorizzazione al VFR speciale, permette di poter operare con visibilità orizzontale al suolo fino a 1500 mt (800 mt per gli elicotteri).

Il VFR/S può essere richiesto dal pilota per entrare nel CTR al fine di operarci o sorvolarlo.
L'ingresso nel CTR per l'atterraggio, è consentito se vengono rispettati i parametri minimi precedentemente descritti (ATZ).
(AIP Italia ENR 1.2).

Le operazioni in VFR/S da parte del pilota devono svolgersi in contatto visivo col suolo, libero dalle nubi e IAS Max 140 Kts.

- **Enti dei Servizi del Traffico Aereo,
  Spazi Aerei di competenza, funzioni e responsabilità**

  Gli enti del traffico aereo, sono strutturati per diversificare l'offerta di servizi, a seconda dello spazio aereo utilizzato, tipo di volo interessato, quantità di volato giornaliero ecc.

  I servizi forniti sono:

  - ➢ ATCS: Servizio di controllo del traffico aereo.
  - ➢ FIS: Servizio informazioni al volo.
  - ➢ ALRS: servizio di allarme.

  Di seguito, una breve descrizione relativa agli enti del traffico aereo, e servizi forniti.

- ➤ **ACC** (Area Contol Center). fornisce servizio ATCS,FIS,ALRS negli spazi aerei UIR (FL200-FL460), TMA, AWY (FL115-FL195), ADR (nell'ADR viene fornito il servizio consultivo ADS).

- ➤ **FIC** (Flight Information Center). fornisce servizio FIS e ALRS (quest'ultimo se provvisti di FPL o se ne faccia richiesta) negli spazi aerei FIR, UIR (FL460-UNL), AWY (MEL-FL115 se non diversamente specificato).

- ➤ **APP** (Approach). Fornisce servizio di controllo di avvicinamento ATCS-FIS-ALRS nei CTR. (Con servizio radar o di tipo procedurale).

- ➤ **TWR** (Control Tower). Fornisce servizio di controllo di aerodromo, ATCS-FIS-ALRS. (Con ausilio del radar o a vista).

- ➤ **AFIU** (Aerodrome Flight Information Unit). Fornisce servizio informazioni al volo di aerodromo negli aerodromi non controllati. AFIS-FIS-ALRS.
  A.F.I.S. Aerodrome Flight Information Services. Questo ente ha lo scopo di fornire informazioni utili per una sicura ed efficiente condotta dei voli che operano su aeroporti non controllati e di assicurare il servizio di allarme.
  Le info emesse dall'AFIS hanno carattere puramente informativo e quindi non sono vincolanti per i piloti, spetta a questi ultimi decidere se adeguarsi o meno alle info ricevute.
  Tale ente ha il compito di fornire informazioni sulle condizioni dell'aeroporto, informazioni meteo locali, direzione di decollo e atterraggio e informazioni di traffico.

- • **Utilizzo del RADAR nell'ambito dei Servizi del Traffico Aereo.**

I sistemi di sorveglianza a mezzo RADAR, sono impiegati nei servizi del controllo del traffico aereo per fornire agli aeromobili *__identificati__* informazioni di posizione, eventuale "__vettoramento__", assistenza alla navigazione in caso di scostamenti significativi dalla rotta assegnata.

In particolare il RADAR viene impiegato per i seguenti scopi:

> Ottimizzare l'utilizzo dello spazio aereo riducendo i ritardi, al fine di garantire agli aeromobili i migliori profili di volo e consentendo di volare rotte dirette.
> Applicare separazioni radar tra successive partenze, successivi arrivi, arrivi e partenze.
> Monitorare il traffico affinché non vi siano variazioni significative alla rotta assegnata.
> Vettorare gli aeromobili per prevenire possibili conflitti di traffico.
> Vettorare gli aeromobili in arrivo per impostare un'ordinata e spedita sequenza di avvicinamento;
> Vettorare gli aeromobili per assistere i piloti nella navigazione.
> Verificare il mantenimento delle separazioni fra aeromobili.
> Garantire le separazioni tra un aeromobile in avaria radio e il restante traffico.
> Fornire assistenza alla navigazione agli aeromobili che operano in VFR

Servizio Meteorologico Aeronautico,
definizione e prodotti (METAR, TAF, SIGMET, AIRMET)

In Italia, il servizio Meteorologico Aeronautico è Fornito dall'Aeronautica Militare e dall'ENAV, inoltre su alcuni aeroporti privati è fornito dagli operatori FIS abilitati.

Il servizio meteorologico Aeronautico, ha lo scopo di fornire informazioni meteorologiche al personale aeronavigante, sotto forma di osservazione e previsione.

> **METAR** (METeorological Air Report) è il messaggio meteo emesso in ambito aeroportuale (o di stazione) sotto forma di codice, il quale riporta la località, l'orario di emissione, dati di direzione e intensità del vento, visibilità, situazione del tempo presente e riduttori, copertura nuvolosa e quota, temperatura e temperatura di rugiada, pressione QNH, eventuali informazioni.
> Il metar viene emesso ai 50 di ogni ora. Su alcuni aeroporti i bollettini sono emessi ai 20 e ai 50 di ogni ora.
> In caso di variazione significativa dei dati meteo, il bollettino può essere emendato, esso si chiama SPECI.

> **TAF** (Terminal Aerodrome Forecast), sono le previsioni di aeroporto. Esso utilizza gli stessi codici del Metar.
> Essi sono TAF corti emessi ogni 3 ore con scadenza ogni 12 ore (TAF 12H) e TAF lunghi emessi ogni 6 ore con scadenza ogni 24 ore (TAF 24H).

> **AIRMET,** sono avvisi di fenomeni meteorologici pericolosi, osservati o previsti o riportati dai piloti, i quali si sviluppano a quote inferiori a FL100 (FL150 in zone di montagna). Essi riportano informazioni di turbolenza, visibilità, temporali, presenza di ghiaccio, cenere vulcanica, ecc.

> **SIGMET** (Significant Meteorological Information). Il SIGMET, è un messaggio di informazioni meteorologiche significative, osservate o previste o riportate dai piloti (airep), di forte intensità che riguardano la FIR interessata. I sigmet contengono informazioni di tubolenza, formazioni di ghiaccio, presenza di Cumulonembi (CB), nubi di cenere vulcanica ecc.
> Esso è emesso dall'Aeronautica Militare.

Servizio di Ricerca e Soccorso,
definizione, organizzazione e responsabilità

Il servizio SAR (Search and Resque – Ricerca e Soccorso), è il servizio dedicato a fornire assistenza agli aeromobili che ne fanno richiesta (attraverso il MAY DAY) o i quali, a seguito di attivazione delle varie fasi di emergenza (INCERFA-ALERFA e DETRESFA), sono esse risultate negative.

Il servizio SAR, è fornito dall'Aeronautica Militare Italiana dai suoi distaccamenti distribuiti sul territorio nazionale, coordinati dall'RCC Resque Coordination Centre (centro coordinamento ricerche) di Poggio Renatico (Ferrara), il quale, viene informato delle varie fasi di attivazione del servizio di allarme da parte degli enti ATS, ricevuto a mezzo servizio fisso.

L'RCC, coordinerà e chiederà informazioni, direttamente agli enti interessati, oppure nei casi del centro di controllo d'area, utilizzerà gli uomini dell'SCCAM (servizio coordinamento e controllo dell'Aeronautica Militare).

Il servizio di Allarme, è fornito a:

> Tutti gli aeromobili che fruiscono del servizio di Controllo del Traffico Aereo.
> Per quanto possibile, a tutti gli aeromobili per i quali è stato presentato un piano di volo.
> Qualsiasi aeromobile che risulti o che si ritenga essere soggetto a interferenza illecita
> Ai voli VFR sprovvisti di piano di volo, i quali operano in spazi aerei controllati, ai voli operanti nelle ATZ sede di aerodromo non controllato (limitatamente alle ATZ pubblicate in AIP Italia).
> Ai voli operanti in spazi aerei non controllati (E-G) sprovvisti di piano di volo, i quali ne facciano richiesta

Il servizio di allarme è suddiviso in tre fasi, INCERFA (Fase di Incertezza), ALERFA (Fase di Allarme), DETRESFA (Fase di Incidente).

INCERFA

La fase di INCERFA, come dice proprio la parola, è una fase di incertezza, essa si attiva in uno dei seguenti casi:

> Nessuna comunicazione è stata ricevuta da parte di un aeromobile entro un periodo di 30 minuti (10 minuti per i jet militari) dall'orario in cui:
> > si sarebbe dovuta ricevere una comunicazione, ivi inclusa la comunicazione di *"operations normal"*,
> > è stato effettuato, senza successo, un primo tentativo di stabilire le comunicazioni con tale aeromobile,

quale dei due casi si verifichi per primo;

> un aeromobile manca di arrivare entro 30 minuti (10 minuti per i jet militari) dall'ultimo orario stimato di arrivo notificato agli, o stimato dagli, enti dei servizi di traffico aereo, quale dei due casi si verifichi per ultimo.

L'INCERFA, non si attiva qualora non sussista dubbio alcuno sulla sicurezza dell'aeromobile e dei suoi occupanti.

Si notifica al SAR, la situazione di Incerfa, il quale attiverà le sue procedure di preparazione.
Gli enti ATS, attiveranno una serie di ricerche verso tutti gli enti interessati e nelle vicinanze della rotta seguita (programmata o notificata) fino alla sua risoluzione.
Qualora le ricerche non abbiano dato l'esito sperato, si passa alla fase successiva, ovvero l'ALERFA

ALERFA

La fase di ALERFA, determina una fase di "allarme", la quale si attiva in uno dei seguenti casi:

> In seguito alla fase di incertezza, successivi tentativi di stabilire le comunicazioni con l'aeromobile o indagini presso altre fonti pertinenti (esercente ecc.) non hanno fornito alcuna notizia sull'aeromobile,

OPPURE

> un aeromobile manca di collegarsi con l'ente ATS aeroportuale dopo essere stato trasferito, oppure interrompe il

contatto radio dopo un iniziale comunicazione, oppure è stato autorizzato all'atterraggio e interrompe le comunicazioni e, in tutti i casi, manca di atterrare entro 5 minuti dall'orario stimato di atterraggio;

OPPURE
> sono state ricevute informazioni indicanti che l'efficienza operativa dell'aeromobile è menomata, ma non al punto da far ritenere probabile un atterraggio forzato.

L'ALERFA, verrà comunque attivata quando si è a conoscenza che l'aeromobile è soggetto a interferenze illecite.

L'ALERFA, non si attiva qualora non sussista dubbio alcuno sulla sicurezza dell'aeromobile e dei suoi occupanti.

Si notifica al SAR, la situazione di Alerfa, il quale attiverà le sue procedure di attivazione.
Gli enti ATS, continueranno una serie di ricerche verso tutti gli enti interessati e nelle vicinanze della rotta seguita (programmata o notificata) fino alla sua risoluzione.
Qualora le ricerche non abbiano dato l'esito sperato, si passa alla fase successiva, ovvero DETRESFA.

DETRESFA
La DETRESFA, si attiva in uno dei seguenti casi
> In seguito alla fase di allarme, ulteriori tentativi di stabilire le comunicazioni con l'aeromobile nonché le indagini verso fonti pertinenti (esercente ecc.), sono risultati negativi, indicano la probabilità che l'aeromobile sia in pericolo

OPPURE
> si ritiene che il combustibile a bordo sia esaurito, o insufficiente a consentire all'aeromobile di raggiungere la salvezza,

OPPURE
> si ricevono informazioni indicanti che l'efficienza operativa dell'aeromobile è compromessa al punto da far ritenere probabile un atterraggio forzato,

OPPURE

> si ricevono informazioni o c''è la ragionevole certezza che l''aeromobile stia per effettuare, o abbia effettuato, un atterraggio forzato.

Per quanto riguarda il Servizio Informazioni al Volo (FIC), molto importante è lo stimato di attraversamento del confine FIR, su di esso infatti, in caso di mancato contatto radio, parte la conta dei 30' prima di attivare il servizio di allarme (Incerfa), inoltre è utile ai fini del coordinamento con il FIC limitrofo in quanto ci si aspetta dall'orario stimato il contatto da parte dell'aeromobile e delle relative informazioni di traffico da rilanciare ad altri traffici in prossimità.

E importante inoltre, in quanto dallo stimato in poi, la responsabilità delle informazioni di traffico ricade sul FIC "accettante", mentre in assenza di contatto radio con quest'ultimo, la responsabilità del servizio di allarme resta in carico al FIC "Trasferente".

Servizio di Telecomunicazioni Aeronautiche
definizione e suddivisione delle responsabilità e competenze

Le Telecomunicazioni aeronautiche si sviluppano su 4 servizi principali; detti servizi sono:

- Servizio fisso aeronautico
- Servizio mobile aeronautico
- Servizio di radionavigazione aeronautica
- Servizio di radiodiffusione aeronautica.

➤ Il servizio fisso

viene effettuato a mezzo di reti telefoniche, telegrafiche, telescriventi (ed ora anche a mezzo dei moderni sistemi telematici).

➤ Il servizio mobile

è previsto per lo scambio delle comunicazioni tra stazioni a terra ed aeromobili. Attraverso questo servizio vengono espletati i Servizi del Traffico Aereo (Radiotelefonia).
I messaggi fra aeromobile e stazione di terra vengono divisi in categorie con un ordine di priorità

1. Messaggi di Soccorso
2. Messaggi di Urgenza
3. Messaggi radiogoniometrici
4. Messaggi di sicurezza Volo
5. Messaggi Meteorologici
6. Messaggi relativi alla regolarità del volo

➤ Servizio di radionavigazione aeronautica:

Il servizio di radionavigazione aeronautica comprende tutti gli ausili per la navigazione aerea, ed in particolare:

- Aiuti per l'avvicinamento, l'atterraggio ed il decollo (ILS, MLS);
- Aiuti per la navigazione a breve raggio (VOR, VOR-T, VOR/DME);
- Radiofari (NDB).
- GNSS. (Global Navigation Satellite System)

Il servizio di radionavigazione comprende tutta la rete delle radioassistenze per la navigazione aerea

- VOR (VHF Omnidirectional radio range)
- NDB (non directional beacon)
- DME (distance meausuring equipment)
- ILS (instrument landing sistem)
- MLS (microwave landing system)
- LORAN e OMEGA (dismessi).
- TACAN (Tactical Air Navigation)

❖ **VOR** vengono utilizzati per la navigazione di precisione (soggetta a errori strumentali, umani, meteorologici) a lunga distanza. Essi sono suddivisi in:

- VOR-T, VOR di Terminale, la cui portata è di circa 40/60 NM.
- VOR navigazione, con portata fino a 200 NM.
- VOR/DME, VOR con aggiunta del DME per la misurazione della distanza dalla stazione.

❖ **NDB** vengono utilizzati per la navigazione non di precisione a breve distanza e sono suddivisi in:

- **NDB** di Navigazione (in dismissione)
- **L** Locator di avvicinamento. L accoppiato a un OM (Outer Marker) di una procedura ILS viene designato come LO

❖ **DME**. Il misuratore di distanza, generalmente è accoppiato a un VOR, LOC (ex LLZ) per le procedure ILS, in taluni casi anche ad NDB. La sua portata è di norma quella del VOR, ma è soggetto a errori di distanza reale dalla stazione.

- ❖ **ILS.** Vengono utilizzati per gli avvicinamenti strumentali di precisione, forniscono indicazioni di allineamento (LOC) e planata (GP) per la pista di volo. Essi sono suddivisi in:

  - ILS CAT I
  - ILS CAT II
  - ILS CAT III, a sua volta suddiviso in CAT III A, CAT III B, CAT III C.

- ❖ **MLS,** è un sistema utilizzato per gli avvicinamenti strumentali di precisione, molto simile all'ILS. A differenza di quest'ultimo, esso utilizza le Micro-onde al posto delle onde radio.

- ❖ **LORAN e OMEGA,** sono un sistema di antenne, utilizzate per la navigazione a lungo raggio e operanti in basse frequenze (dismessi dal servizio).

  - Il sistema **LORAN,** era composto da un'antenna principale (detta Master) che trasmetteva un segnale continuo e circondato nei 360° a distanze kilometriche da delle antenne più piccole (dette Slave) che ricevevano il messaggio e lo rinviavano ritardato di un valore X; la sua portata variava dai 800NM a 1800 NM. L'antenna Loran aveva un altezza di circa 150-220mt.

  - Il sistema **OMEGA,** in linea di massima, funzionava come il LORAN, unica differenza è che era composto da una sola grande antenna, sostenuta con tiranti in acciaio i quali avevano anche lo scopo di essere utilizzati per diversificare il segnale, alcune invece erano dotate di "cappello" a ombrello.

- ❖ **TACAN,** il sistema TACAN, ha gli stessi principi di funzionamento dei VOR, ma a differenza di questi ultimi, utilizzano canali anziché frequenze e sono di impiego militare.

Di seguito alcune immagini degli apparati descritti in precedenza.

Sistema MLS

TACAN

Antenna DME

Sistema VOR con antenna DME

Antenna NDB

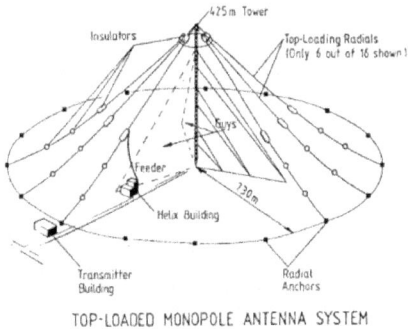

TOP-LOADED MONOPOLE ANTENNA SYSTEM

Antenna OMEGA

Antenna LORAN

33

Sistema ILS: Antenna LOC   Antenna GP

- **Servizio di radiodiffusione aeronautica.**

    Regolamentato dall'Annesso 10 ICAO Vol. V Attachment A., contiene la tipologia e le caratteristiche delle emissioni radio per la diffusione delle informazioni aeronautiche, ed in particolare del VOLMET e ATIS.

    I VOLMET sono bollettini meteo registrati ed aggiornati e forniscono la situazione e le previsioni sugli aeroporti di competenza. In Italia le frequenze VOLMET sono 4, e sono suddivise in PISA VOLMET, MILANO VOLMET, ROMA VOLMET, BRINDISI VOLMET

    L'ATIS (automatic terminal information service) fornisce le informazioni riguardanti i singoli aeroporti. Essi generalmente operano sulla frequenza dei VOR o apposita frequenza dedicata

CONOSCENZE RADIOELETTRICHE

Principi di Propagazione delle Onde

Le onde si propagano, utilizzando i mezzi di seguito riportati:

- **Onda Radio**: Onda elettromagnetica generata da una corrente alternata avente una certa frequenza.

- **Propagazione Radio**: Passaggio di onde radio attraverso il mezzo trasmissivo, ovvero l'aria.

- **Tipi di Propagazione**: *Guidata* (es. linee in cavo) e *Libera* (radio propagazione).

- **Propagazione Libera**: Onda radio che si sposta nell'atmosfera da una sorgente (antenna) a un destinatario.

- **Percorsi delle Onde**: Diretta (Ottica), Riflessa, Rifratta, Superficiale, Ionosferica (con h tra i 50/100 Km)

  1) **Onda diretta**: L'onda diretta, è quella che viaggia direttamente dal trasmettitore al ricevitore, essa per funzionare, sia il trasmettitore che il ricevitore, devono essere ben visibili.

  2) **Onda riflessa**: L'onda riflessa, e quell'onda che durante il suo percorso, rimbalza lungo il suolo e viene riflessa verso il ricevitore. Essa, seguendo un percorso più lungo dell'onda diretta, e perdendo energia dovuta "all'impatto" con il suolo, potrebbe essere ricevuta dal ricevitore in ritardo e disturbata rispetto l'onda diretta.

  3) **Onda Rifratta**: L'onda rifratta, è la deviazione subita da un'onda che ha luogo quando questa passa da un mezzo ad un altro nel quale la sua velocità di propagazione cambia, esempio: attraversamento di un vetro o superficie di acqua.

  4) **Onda superficiale**: L'onda superficiale, è l'onda che si propaga in prossimità della superficie terrestre.

5) **Onda Ionosferica**: La onda ionosferica, è quell'onda che si propaga attraverso gli strati ionizzanti, e da questi ultimi è riflessa.

Tutte le comunicazioni radio vengono effettuate con appositi apparati ricetrasmittenti (trasmettitori e ricevitori).

All'interno di questi apparati ci sono diversi componenti elettronici che generano segnali elettromagnetici su frequenze ben definite. L'oscillatore del trasmettitore, genera una portante, cioè un segnale in grado di portare delle informazioni.
Tale portante può essere opportunamente modificata con un modulatore. La portante modulata può quindi contenere informazioni quali voce e dati.
Per ricevere queste informazioni occorre un ricevitore il quale è in grado di sintonizzarsi sulla stazione trasmittente, e decodificare i segnali.

Lo spettro delle frequenze radio è suddiviso in 9 bande, a ciascuna delle quali è stata attribuita una gamma di frequenza come da tabella.

- ➢ VLF 3 a 30 KHz Miriametriche
- ➢ LF 30 a 300 KHz Chilometriche
- ➢ MF 300 a 3000 KHz Ettometriche
- ➢ HF 3 a 30 MHz Decametriche
- ➢ VHF 30 a 300 MHz Metriche
- ➢ UHF 300 a 3000 MHz Decimetriche
- ➢ SHF 3 a 30 GHz Centimetriche
- ➢ EHF 30 a 300 GHz Millimetriche
- ➢ THF 300 a 3000 GHz Decimillimetriche

L'unità di misura della frequenza è l' Hertz (Hz).

In campo aeronautico le frequenze sono utilizzate secondo il seguente schema:

- ➢ *NDB* - Radiofari (NDB) ed i Locator (L) 200 a 500 KHz
- ➢ *VOR-T* - VOR terminali (T-VOR) e ILS 108 a 112 MHz (escluso)
- ➢ *VOR* - VOR di navigazione VOR/NAV 112 a 118 MHz (escluso)
- ➢ *ILS* - da 109 a 111 MHz (incluso)

> *DME* - DME 960 a 1215 MHz
> MLS - 5031 a 5091 MHz
> Comunicazioni T/BT 118 a 136,975 MHz

Emergenza **121,5 MHz 243,0 MHz**

- **Distribuzione e assegnazione delle frequenze della banda aeronautica e frequenze di emergenza.**

Le frequenze, siano essi aeronautiche o no, sono assegnate dal Ministero dello Sviluppo Economico-Comunicazioni, secondo il piano nazionale di ripartizione delle frequenze.
L'assegnazione delle frequenze, destinate all'uso aeronautico, sia per le comunicazioni terra/bordo/terra (T/B/T) sia per le radioassistenze, sono assegnate e verificate dopo valutazione di fattibilità, infatti il loro utilizzo non deve pregiudicare disturbi o essere oggetto di disturbo, al fine della buona fornitura del servizio.

Le frequenze di Emergenza Aeronautiche Internazionali sono:

- ❖ VHF 121,500 MHz
- ❖ UHF 243,000 MHz

Gli ELT (localizzatori di Emergenza), trasmettono sulla frequenza 406 MHz, nonché se associati a un trasmettitore radio, inviano il segnale (sotto forma di allarme) sulla frequenza internazionale 121.500 MHz.

- **Cenni sulla modulazione delle onde radio e classificazione delle emissioni radio.**

Le onde radio, possono essere modulate sia in Ampiezza (AM) sia in Frequenza (FM).
La modulazione in Ampiezza (AM) è una tecnica di trasmissione usata per trasmettere informazioni utilizzando
un segnale a radiofrequenza come segnale portante.
La modulazione di Frequenza (FM) è una delle tecniche
di trasmissione utilizzate per trasmettere informazioni utilizzando la variazione di frequenza dell'onda portante.

La classe di emissione, è l'insieme delle caratteristiche di una emissione (tipo modulazione della portante, natura del segnale modulato, genere dell'informazione da trasmettere).
La classe è designata da tre simboli fondamentali:

> Primo simbolo: indica tipo di modulazione della portante
> Secondo simbolo: indica la natura del segnale modulante della portante
> Terzo simbolo: Indica il tipo d'informazione da trasmettere.

Alcuni classificazioni di emissioni:

A2A telegrafia on/off con una o più frequenze audio modulanti
A3E fonia in modulazione d'ampiezza
F3E fonia in modulazione di frequenza

- **Cenni sulle comunicazioni con segnali Morse.**

Il codice Morse, noto anche come alfabeto Morse, è un sistema per trasmettere lettere, numeri e segni di punteggiatura per mezzo di un segnale in codice ad intermittenza.
Il codice morse, può essere trasmesso come tono audio, come impulso elettrico attraverso un cavo telegrafico, come segnale visivo (per esempio una luce lampeggiante inviata dalle navi).
Ad esempio, la suoneria di alcuni cellulari, avvisavano dell'arrivo di un sms attraverso il morse (be be be----beee beee--- be be be).

Tabella riassuntiva di alcune voci del codice morse.

Lettere	Codice	Lettere	Codice	Numeri	Codice
A	• —	N	— •	0	— — — — —
B	— • • •	O	— — —	1	• — — — —
C	— • — •	P	• — — •	2	• • — — —
D	— • •	Q	— — • —	3	• • • — —
E	•	R	• — •	4	• • • • —
F	• • — •	S	• • •	5	• • • • •
G	— — •	T	—	6	— • • • •
H	• • • •	U	• • —	7	— — • • •

I	• •	V	• • • —	8	— — — • •
J	• — — —	W	• — —	9	— — — — •
K	— • —	X	— • • —		
L	• — • •	Y	— • — —		
M	— —	Z	— — • •		

CONOSCENZE TECNICHE SPECIFICHE

- **Il Codice "Q" e le voci ancora utilizzate nell'ambito del Servizio Mobile di Telecomunicazioni aeronautiche;**

Il codice Q, veniva utilizzato dai Marconisti a bordo degli aerei per ottenere le informazioni necessarie da passare al pilota al fine di assisterlo durante la navigazione aerea..

Ad oggi il codice Q, viene utilizzato limitatamente alle voci di seguito riportate:

> QNH = pressione atmosferica riferita al livello del mare
> QFE = pressione atmosferica riferita alla pista
> QFU = orientamento magnetico della pista
> QBB = altezza della base delle nubi (*non più usato*)
> QTE = Rilevamento vero diretto
> QUJ = Rilevamento vero inverso
> QDR = Rilevamento magnetico diretto
> QDM = Rilevamento magnetico inverso

- **Procedure di regolaggio dell'altimetro.**
  altezza, altitudine, livello di volo, altitudine e livello di transizione.

L'Altimetro, è lo strumento di bordo che da indicazioni di livello in base al settaggio del valore di pressione desiderato. Tale settaggio può dare indicazioni di Altezza, Altitudine o Livello di Volo.

> **Altezza**: Distanza verticale di un livello, un punto o un oggetto considerato come punto, misurata da uno specifico dato di riferimento.

> **Altitudine:** Distanza verticale di un livello, un punto o un oggetto considerato come punto, misurata dal livello medio del mare.

> **Livello:** Termine generico relativo alla posizione verticale di un aeromobile in volo e che significa indifferentemente altezza, altitudine o livello di volo.

> **Livello di volo:** Superficie di pressione atmosferica costante riferita al valore standard di 1013.2 hectopascals (hPa), e separata da altre analoghe superfici da specifici intervalli di pressione.

> **Livello di Transizione:** Il livello di volo più basso disponibile utilizzabile, al disopra dell'altitudine di transizione. L'altimetro è regolato sulla 1013,25 hPa. Il livello di transizione è un dato variabile e varia in funzione del valore di pressione QNH.

> **Altitudine di Transizione:** Altitudine alla quale o al disotto della quale la posizione verticale di un aeromobile è controllata con riferimento alle altitudini. L'altimetro è regolato sul QNH di riferimento.

> **Strato di Transizione:** Lo spazio aereo tra l'altitudine di transizione ed il livello di transizione, esso non deve mai essere inferiore ai 1000 ft.

Un altimetro barometrico calibrato in Atmosfera Standard:

- quando è regolato sul QNH indica altitudine.
- quando è regolato sul QFE indica l'altezza al di sopra del dato di riferimento del QFE.
- quando è regolato su di una pressione di 1013.2 hPa è usato per indicare livelli di volo.

- **Livelli di volo semicircolari.**

I livelli semicircolari, sono dei livelli di volo previsti che vengano utilizzati dai voli VFR, quando essi volano a una quota superiore ai 3000 ft AMSL.

In Italia, gli aeromobili che seguono una rotta magnetica compresa fra 090° a 269° devono utilizzare livelli di volo dispari più 500 ft (035,055,075,095,115,135,155 ecc.).

Gli aeromobili che volano seguendo una rotta magnetica compresa fra 270° e 069° devono utilizzare livelli di volo pari più 500 ft (045,065,085,105,125,145 ecc.)

- **Cenni sul funzionamento del RADAR primario e del RADAR secondario, utilizzazione del transponder, modi di funzionamento e codici.**

  ➢ **PSR** (primary surveillance radar) ha un funzionamento molto semplice nel suo insieme.
  L'antenna radar ruotando di 360°, trasmette un onda radio, il quale se colpisce un oggetto in volo, fa si che la stessa torni indietro all'antenna.
  Il tempo che intercorre dalla trasmissione dell'onda al ricevimento della stessa determina la distanza del "bersaglio", esso determina anche l'Azimuth (distanza angolare rispetto al riferimento-Nord magnetico), rappresentando la posizione "radar" sulla mappa radar nonché la velocità rispetto al suolo dell'oggetto in volo.
  Essendo l'impulso radar un onda radio, esso è soggetto a disturbi sulla propagazione dell'onda, i quali possono determinare falsi echi, ritardi nella risposta e quindi errori di posizione (specie su lunghe distanze) ecc.
  Più veloce ruota l'antenna radar, più è corta la distanza da coprire e quindi lo spazio aereo da gestire (Radar di Torre, Radar di Avvicinamento), in quanto le informazioni da acquisire devono essere più aggiornate.
  Più lenta ruota l'antenna radar, più distante è la distanza da coprire (radar d'area).

  ➢ **SSR** (Secondary Surveillance Radar). Il sistema radar secondario, lavora sul principio dell'interrogazione. Per questo è necessario avere un interrogatore (Radar secondario) e un ricevitore (Transponder di Bordo).
  Il trasmettitore invia un impulso radar, il quale ricevuto dal ricevitore invia la risposta. Le risposte all'interrogatore sono di tre tipi (Modo A-C-S).

- Modo A. trasmette il codice transponder assegnato (4096 codici disponibili.
- Modo C. trasmette il codice transponder assegnato e la quota.
- Modo S. trasmette i dati del modo C e il nominativo dell'aeromobile.

Con l'utilizzo del modo S, il pilota imposta il nominativo radio o le marche di registrazione dell'aeromobile direttamente sul transponder, il quale verranno trasmesse al radar, che successivamente trasformerà il dato ricevuto sotto forma di informazione che verrà rappresentata sulla mappa radar del controllore.

Secondo normativa nazionale, il transponder deve essere sempre acceso in modalità A/C, indipendentemente dallo spazio aereo interessato.

- **Codici Transponder di emergenza.**

I codici transponder, sono assegnati dall'autorità aeronautica ad un ente del traffico aereo, secondo delle procedure ben specifiche, al fine di evitare confusione e doppia assegnazione dei codici.

I codici più noti e di nostro interesse sono:

> 7000 codice assegnato ai voli VFR
> 2000 codice da inserire se un aeromobile non è stato istruito a inserire uno specifico codice SSR. Esso solitamente si inserisce se si proviene da una FIR internazionale.

Oltre questi codici, di uso comune in Italia (7000), vi sono dei codici che identificano situazioni critiche, e che sono standard (ICAO) in tutto il mondo. Essi sono:

> 7500 Atti illegali a bordo (dirottamento, bomba a bordo, ecc.)
> 7600 Avaria radio (sia al trasmettitore che al ricevitore)
> 7700 Emergenza (avaria motore, atterraggio forzato ecc.)

La loro conoscenza è fondamentale, in quanto il loro inserimento, viene immediatamente discriminato sullo schermo Radar (la traccia diventa rossa) e fa si che il controllore sia da esso attratto, attivando tutte le procedure specifiche del caso.

Al fine di evitare "spiacevoli disguidi", è necessario comprendere bene il codice assegnato e verificare il corretto inserimento sul transponder di bordo.

Non dovranno essere accettati ne riletti codici tipo: "Inserisca codice settemilasette, in quanto il 7007 può essere facilmente frainteso col 7700.

- **Test di Funzionamento apparato ELT (Emergency Locator Transmitter).**

Il test di funzionamento dell'apparato di localizzazione di emergenza (ELT) sulla frequenza di emergenza internazionale 121.500 MHz, generalmente può essere effettuato nei primi 5' (minuti) di ogni ora e per un massimo continuativo di 5" (secondi).

Esempio:

test dalle 10:00 alle 10:05 , test dalle 11:00 alle 11:05 e così via.

Nota: Tale pratica è ben nota dai tecnici manutentori. Prove dell'ELT fuori da questi orari, vanno di norma coordinate con l'ente ATS presente sull'aeroporto o limitrofo all'aviosuperficie.

L'AERODROMO

- **Nomenclatura e definizioni delle caratteristiche fisiche degli aeroporti.**

L'Aeroporto, un'area delimitata su terra o acqua (comprendente edifici, le installazioni, gli impianti e gli apparati) destinata, in tutto o in parte, all'arrivo, alla partenza ed al movimento al suolo di aeromobili.

L'Aeroporto è suddiviso in Area di manovra e area di movimento.

> **Area di Manovra:** La parte di un aeroporto adibita al decollo, all'atterraggio ed al movimento al suolo degli aeromobili, con esclusione dei piazzali (APRONS).

> **Area di movimento:** La parte di un aeroporto adibita al decollo, all'atterraggio ed al movimento al suolo degli aeromobili comprendente l'area di manovra e i piazzali

Le aree aeroportuali, sono composte da pista di volo, raccordi di rullaggio e piazzale sosta aeromobili.

Pista (Runway) Un'area rettangolare definita su un aeroporto predisposta per l'atterraggio e il decollo degli aeromobili
Le piste di volo possono essere:

> **Piste non strumentali** (solo traffico VFR).
> **Piste strumentali di non precisione** (asservite da radioassistenze strumentali e procedure IFR di partenza e arrivo)
> **Piste strumentali di precisione** (asservite da radioassistenze strumentali per avvicinamenti di precisione ILS).

Via di rullaggio (Taxiway) Un percorso definito destinato al rullaggio degli aeromobili,avente lo scopo di collegare differenti aree dell'aeroporto; esso include

> **Via/raccordo di accesso alle piazzole (Aircraft Stand Taxilane)** Parte del piazzale destinata a via di rullaggio ed avente la funzione di fornire accesso unicamente alle piazzole di sosta aeromobili.

> **Via di rullaggio sul piazzale (Apron Taxiway)** Parte di un sistema di vie di rullaggio situato su un piazzale ed avente la funzione di permettere il rullaggio attraverso il piazzale stesso.

> **Raccordo/Taxiway di uscita rapida / (Rapid Exit Taxiway)** Via di rullaggio collegata, ad angolo acuto, ad una pista avente lo scopo di permettere ai velivoli in atterraggio di liberare la pista a velocità maggiore di quella consentita sugli altri raccordi di uscita, minimizzando di conseguenza i tempi di occupazione della pista stessa.

Le vie di rullaggio in prossimità della pista, sono munite di segnaletica orizzontale e verticale, note come punto attesa, oltre il quale senza espressa autorizzazione della torre, il pilota non deve oltrepassare.

- **Luci aeronautiche al suolo ed aiuti visivi alla navigazione.**

Le luci aeronautiche al suolo sono suddivise in:
> Luci di Avvicinamento
> Luci di Pista
> Luci zona di arresto
> Luci vie di rullaggio
> Barre di arresto (stop bar)
> Luci ostacolo

Accensione delle Luci

- **Tutte** le luci aeronautiche al suolo, devono essere accese ininterrottamente da 30 minuti dopo il tramonto a 30 minuti prima dell'alba.

- **Durante qualsiasi altro orario**, al verificarsi delle seguenti condizioni: Visibilità orizzontale uguale o minore di 5 km, e ceiling inferiore a 700 ft.

- **Su richiesta dei piloti.**

- **Le luci di segnalazione ostacoli**, rosse o flash bianche, devono essere accese da 30 minuti prima del tramonto a 30 minuti dopo l'alba.

- **Le luci di guida planata**, PAPI, A-PAPI, VASIS, T-VASIS, A-VASIS devono essere sempre accese.

Luci di avvicinamento

- **Le luci di avvicinamento**, comprendono sistemi di avvicinamento luminosi semplificati (SALS - Short Approach Light System).
- **Sistemi luminosi di avvicinamento** di categoria (ALS – Approach Light System tipo CALVERT)
- **Sistemi luminosi di guida planata** (PAPI, A-PAPI, VASIS, T-VASIS)
- **Luci di circuitazione a vista pista** (RWY flash lights).
- **Sistemi luminosi di guida alla pista** (Rwy lead-in, tipo Reggio Calabria, ex Hong Kong Kai Tak).
- **Le luci di guida planata** tipo PAPI, A-PAPI, VASIS, T-VASIS, A-T-VASIS.

Le luci di pista (RWY runway) sono suddivise in:

- **luci bordo pista**, sono di color bianco lungo tutta la pista, ad eccezione degli ultimi 600mt le quali sono alternate da luci bianche e gialle (o arancioni).
- **luci asse pista**, sono di color bianco lungo tutta la pista, ad eccezione degli ultimi 900mt, di cui i primi 600mt sono alternate da luci bianche e gialle (o arancioni), e ultimi 300 mt da luci rosse.
- **luci inizio pista o di soglia**, sono di colore verde, trasversali per tutta la larghezza della pista, oppure barre laterali alla pista
- **luci fine pista**, sono di colore rosso, trasversali per tutta la larghezza della pista, ad indicare la fine della stessa.
- **luci zona di contatto**, sono completamente bianche, poste ai lati delle luci di asse pista, partendo dalla soglia pista e estendendosi per 900 mt oltre la testata pista

Le luci delle vie di rullaggio (TWY taxiway) sono suddivise in:

- **Le luci di zona di arresto**, devono essere sempre accese ogni volta che le luci di pista associate sono accese. Le luci di arresto sono comprensive di RGL (Runway Guard Light – luci lampeggianti arancioni), e incrementate da luci rosse (stop bar) poste lungo il punto attesa. Lo spegnimento delle Stop Bar, indicano che l'aeromobile può continuare il rullaggio o allinearsi in pista.
- **Luci di bordo** vie di rullaggio sono di colore blu,

- **Luci di asse** vie di rullaggio sono di colore verde. Negli aeroporti strumentali di categoria, le luci di asse TWY, dal punto attesa fino all'allineamento in pista, sono di colore alternato verde e arancione, proprio ad indicare la prossimità alla pista di volo
  Fanno parte delle luci delle vie di rullaggio, le TWY stop bar, le quali vengono utilizzate per creare delle posizioni attesa intermedie su aeroporti complessi. Fanno parte inoltre le luci di punto attesa, entrambe color rosse.

Le luci ostacolo, sono di due tipi:
- A luce rossa continua, ubicate all'apice dell'ostacolo e a metà dell'ostacolo.
- Luce bianca a flash ubicate all'apice dell'ostacolo.

Sia le luci rosse continue che le luci bianche a flash possono essere presenti contemporaneamente.

- **Servizio antincendio e di soccorso.**

  Ogni aeroporto, al fine di operare, deve essere dotato di idoneo servizio antincendio.
  Il servizio antincendio aeroportuale è suddiviso in categorie che vanno dalla Prima categoria ICAO alla Nona categoria ICAO.
  La categoria antincendio viene stabilita in base all'aeromobile critico che può operare sull'aeroporto.
  Per puro esempio, Lucca Tassignano è CAT2 ICAO, mentre Fiumicino CAT9 ICAO.

  Inoltre sull'aeroporto deve essere presente il servizio di soccorso sanitario, obbligatorio sugli aeroporti commerciali, raggiungibile entro 30' sui restanti aeroporti.

- **Servizio di regolamentazione dell'area di parcheggio.**

  L'area di parcheggio, è regolata dal gestore aeroportuale, il quale pubblica attraverso il regolamento di scalo le procedure per l'utilizzo dell'area di parcheggio. Le stesse procedure, sono pubblicate in AIP Italia sezione AD e portate a conoscenza dell'utenza, per l'aeroporto interessato.

Eventuali variazioni urgenti sulla regolamentazione dell'area di parcheggio verranno notificate a mezzo NOTAM, inoltre se le variazioni sono a carattere permanente, esse verranno inserite all'interno di un ciclo AIRAC il quale modificherà la regolamentazione pubblicata in AIP Italia

COMUNICAZIONI RADIO

- **Nominativi di chiamata radio degli Enti ATS e dei velivoli.**

  Gli aeromobili al fine di essere identificati, utilizzano le marche di registrazione, oppure il nominativo di compagnia assegnato e il relativo numero di volo.

  Gli ULM utilizzano le marche di identificazione alfa numeriche (es. I-9900 o I-A137) fornite dall'AeCI

  Se il velivolo ULM opera "avanzato" deve utilizzare il suffisso "ultralight" ad ogni comunicazione.
  Non è prevista abbreviazione alcuna nelle comunicazioni effettuate da e verso un VDS avanzato.

  Esempio: ultralight I-A377 , ultralight I-5432 ecc.

  L' A/M utilizza le marche di immatricolazione alfabetiche o alfanumeriche (es. I-AAAA, N2866B), con o senza prefisso (modello a/m o costruttore):

  - ➤ I-ABCD
  - ➤ N2866B
  - ➤ Cessna I-ABCD
  - ➤ C172 I-ABCD
  - ➤ Compagnia esercente + ultimi 4 caratteri delle marche di immatricolazioni: ALITALIA BIKA
  - ➤ Compagnia esercente + numero del volo: ALITALIA-2028

  Il nominativo radio si trasmette sempre per intero; solo dopo un primo scambio di comunicazioni l'Ente ATS può utilizzare un nominativo abbreviato qualora ciò non provochi incomprensioni, per esempio:

  - ➤ I-CD
  - ➤ I-CD oppure cessna I-CD
  - ➤ ALITALIA I-KA

  Non è prevista nessuna abbreviazione per i voli di compagnie aeree e VDS avanzati.
  Esempio.

> Alitalia 135L resta invariato.
> Ultralight I-A137 resta invariato.
> Ultralight I-1537 resta invariato.

Nominativi Radio Enti A.T.S.

Gli enti ATS, come per gli aeromobili, hanno un proprio indicativo radio, che varia a seconda del servizio fornito e dell'ente che lo fornisce.

> *ACC - AREA CONTROL CENTRE:* Verrà utilizzato il nominativo identificativo "Control" o "radar". Es. Roma Control o Roma Radar.

> *RADAR:* Verrà utilizzato il nominativo identificativo "radar". Es. Olbia Radr, Bologna Radar, Venezia Radar.

> *APP - APPROACH CONTROL.* Verrà utilizzato il nominativo identificativo "Approach". Es. Alghero Approach, Perugia Approach.

> *TWR - AERODROME CONTROL:* Verrà utilizzato il nominativo identificativo "Tower". Es. Olbia Tower, Treviso Tower, Forlì Tower.

> *GROUND - SURFACE MOVEMENT CONTROL:* Verrà utilizzato il nominativo identificativo "Ground". Es. Olbia Ground, Fiumicino Ground, Ciampino Ground.

> *FIC - FLIGHT INFORMATION SERVICE:* Verrà utilizzato il nominativo identificativo "information". Es. Roma Information, Padova Information ecc.

> *AFIS - AERODROME FLIGHT INFORMATION SERVICE.* Verrà utilizzato il nominativo identificativo "Aerodrome Information" alla prima chiamata, abbreviato in "Information" quando non sussistano possibilità di incomprensioni. Es. Crotone Aerodrome Information, Cuneo Aerodrome Information; poi in Crotone Information, Cuneo Information.

➤ **HOMER - DIRECTION FINDING STATION**. Verrà utilizzato il nominativo identificativo "Homer". Le stazioni che forniscono servizio di "direction finding", non esistono più. Tuttavia tale servizio può essere chiesto in alcuni aeroporti, contattando la frequenza di Torre, limitatamente alle informazioni per il solo avvicinamento al campo.

➤ **APRON - APRON CONTROL SERVICE**. Verrà utilizzato il nominativo identificativo "Apron": Es. Bologna Apron, Fiumicino Apron ecc.

➤ **DELIVERY**: Verrà utilizzato il nominativo identificativo "Delivery": Es. Fiumicino delivery.

● **Lingua utilizzata nelle comunicazioni radiotelefoniche.**

Secondo la normativa internazionale (ICAO), la lingua standard riconosciuta è l'Inglese.

In Italia, vige la seguente differenziazione.
➤ Lingua Italiano/Inglese da Ground a FL195 (incluso)
➤ Lingua Inglese da FL195 (escluso) a illimitato.

Non è consentito operare in IFR, se non si è in possesso della radiotelefonia in lingua Inglese in corso di validità.

● **Tecnica di trasmissione e precauzioni di carattere generale.**

Allo scopo di favorire la comprensibilità delle comunicazioni radio, l' ICAO ha emanato le seguenti raccomandazioni:

➤ Prima di iniziare una trasmissione su una data frequenza, assicurarsi che sulla stessa non siano in atto altre trasmissioni o interferenze.

➤ Familiarizzare con le caratteristiche tecniche dell'apparato.

➤ Usare un tono normale di conversazione, parlando in modo chiaro staccando le parole.

> Mantenere una velocità costante durante la trasmissione delle frasi pronunciate, esse non dovranno eccedere le 100 parole per minuto. Quando è noto che le frasi verranno trascritte dal ricevente parlare più lentamente ma con ritmo costante

> Il volume della voce dovrà avere un livello anch'esso costante.

> Effettuare brevissime pause prima e dopo la pronuncia dei numeri.

> Evitare il più possibile suoni di esitazioni quali "eeeeee oppure "Eeeemmm, mmmm e così via"

> Premere il microfono ed iniziare il messaggio e rilasciarlo solo a messaggio trasmesso.

Le comunicazioni tra aeromobili ed enti di controllo sono finalizzate al trasferimento di informazioni essenziali per la navigazione aerea. Durante tale procedura è necessaria la chiarezza delle informazioni inviate/richieste e la facilità di comprensione delle stesse.

Un fattore determinante per poter ottenere chiarezza è la standardizzazione dei messaggi.

Tale standardizzazione è riportata in un doc ICAO noto come Doc.9432 Manual of Radiotelephony, nonché in un capitolo del Doc 4444-PANS-ATM, ciò significa che la comunicazione radio si avvale di una particolare e ben definita terminologia standard da impiegarsi in situazioni operative normali e di emergenza/urgenza.

Non è comunque possibile avere frasi standard per ogni tipo di necessità, pertanto la conoscenza della lingua inglese è fondamentale.

Per poter trasmettere e comprendere con chiarezza le numerose sigle e gli svariati acronimi del linguaggio aeronautico si deve usare l'alfabeto standard ICAO.

L'ICAO suggerisce inoltre l'applicazione delle seguenti raccomandazioni:

> E' bene regolare opportunamente le impostazioni ed i volumi della radio in modo che i messaggi vengano compresi con chiarezza.

➤ Prima di trasmettere un messaggio, bisogna aver ben chiaro in mente cosa si vuole dire; si dovrebbe evitare di trasmettere continue correzioni o ripetizioni.

➤ Per quanto possibile, i messaggi devono essere brevi e concisi.

➤ I piloti che si ritengono inesperti o che non hanno comprese l'istruzione/informazione ricevuta devono notificarlo ai controllori. Questi ultimi, devono offrire la più completa disponibilità nelle situazioni difficili.

➤ La sicura condotta del velivolo è la prima cosa cui i piloti devono attenersi. Anche di fronte ad una richiesta dell'ATC si deve rispondere solo quando risulta loro agevole.
I piloti, inoltre, non devono ritardare le operazioni perché si ritengono impegnati nella comunicazione vocale, bensì devono iniziare ad eseguire le manovre richieste non appena abbiano compreso le istruzioni.

➤ E' bene rendersi conto del "contesto-radio" ovvero di quello che accade intorno a noi. A tal fine bisogna ascoltare anche i messaggi altrui ed evitare di interromperli.

E' importante tener presente che la normale procedura di comunicazione prevede una richiesta ed un risposta: solo al termine di questa serie ci si può inserire in trasmissione.

- **Obbligo di ripetizione dei messaggi**

Importanza assoluta, rivestono le ripetizioni dei messaggi, rilasciati da un ente ATC per il quale è prevista la ripetizione da parte del Pilota, al fine di verificare che le Autorizzazioni/Istruzioni fornite siano corrette e comprese.

Si deve ripetere sempre il QNH, la PISTA, i cambi di livello, le variazioni di velocità, le rotte assegnate, ogni autorizzazione e istruzione del controllo del traffico aereo.

Quanto non previsto da obbligo di rilettura, esso verrà espressamente chiesto dal controllore tramite la dicitura *Acknowledge, date il ricevuto al messaggio.*

- **Attivazione e scambio delle comunicazioni.**

Cominciamo ora a vedere come si stabilisce un contatto tra ATC e velivolo. Gli elementi fondamentali all'inizio della chiamata sono i nominativi delle due parti.

I velivoli sono identificabili attraverso i loro nominativi.

- ➢ I-AAAA (India Alpha Alpha Alpha Alpha),
- ➢ AZA 610 (Alitalia 610)
- ➢ Alitalia I-DBVR (Alitalia India Delta Bravo Victor Romeo)
- ➢ Piper I-AAAA (Piper India Alpha Alpha Alpha Alpha).
- ➢ IAM-1234 (IAM1234) militari
- ➢ I-1234 (India uno due tre quattro) militari
- ➢ Ultralight I-A977 (ULM avanzati)

Nel caso il peso massimo al decollo del velivolo superi le 136.000 Kg, il suo nominativo viene integrato dal suffisso Heavy o Super (A388).

- ➢ B777 Alitalia. Alitalia 157L Heavy.
- ➢ Airbus A380. Emirates 178 Super.

Gli enti di controllo prendono il nome dalla loro zona identificativa. esempi:

- ➢ Olbia CTR (Olbia Avvicinamento)
- ➢ Olbia TWR (Olbia Torre)
- ➢ Urbe GND (Urbe Ground)
- ➢ Roma ACC (Roma Controllo)
- ➢ Roma FIC (Roma Informazioni)

Il pilota che si sintonizza su una determinata frequenza, deve conosce in anticipo l'identità dell'ente contattato, viceversa il controllore che riceve un messaggio non ha idea di chi sia la stazione emittente fin quando non si sia presentata.

- ➢ *Pilota: "Olbia Avvicinamento, buona sera da I-AAAA";*
- ➢ **ATC: "I-AAAA, Olbia Avvicinamento buona sera".**

- **Prova radio e scala di intelligibilità.**

Al fine di verificare l'efficienza dell'apparato radio, sarebbe opportuno prima di iniziare un volo, di effettuare il "radio check".

L'intelligibilità o comprensibilità di una comunicazione radio va quantificata su una scala da 1 a 5, come segue:

1. Reading you one - UNREADABLE – (Incomprensibile)
2. Reading you two - READABLE NOW AND THEN – (Comprensibile a Tratti)
3. Reading you three - READABLE BUT WITH DIFFICULTY - (Comprensibile con difficoltà)
4. Reading you four - READABLE – (Comprensibile)
5. Reading you five - PERFECTLY READABLE – (Perfettamente Comprensibile.

- **Sistema orario usato nelle procedure radiotelefoniche.**

Gli orari di servizio, notificati in codice e pubblicati in AIP, hanno la seguente dicitura e significato.

➢ HJ: dall'alba al tramonto HJ±30: da 30' prima dell'alba a 30' dopo il tramonto
➢ HN: dal tramonto all'alba HN±30: da 30' dopo il tramonto a 30' prima dell'alba
➢ HX: orari diversi O/R: su richiesta

SISTEMA ORARIO
Le stazioni fisse e le mobili usano l'orario riferito al meridiano di Greenwitch (UTC) o ora Zulu o GMT

L'ora "Zulu", rispetto all'orario locale Italiano, è un'ora indietro durante l'orario Invernale (o solare) e due ore indietro rispetto l'orario estivo (o legale).
Es. Se a Roma sono le 13:30 locale, il Zulu time in inverno sarà GMT+1, ovvero 13:30 – 1 = 12:30z, e così via per il GMT+2.

STOP ORARIO = TIME CHECK serve per verificare il corretto settaggio dell'orologio.

• Alfabeto fonetico ICAO.

A	ALPHA	N	NOVEMBER
B	BRAVO	O	OSCAR
C	CHARLIE	P	PAPA
D	DELTA	Q	QUEBEC
E	ECHO	R	ROMEO
F	FOXTROT	S	SIERRA
G	GOLF	T	TANGO
H	HOTEL	U	UNIFORM
I	INDIA	V	VICTOR
J	JULIET	W	WHISKEY
K	KILO	X	X-RAY
L	LIMA	Y	YANKEE
M	MIKE	Z	ZULU

• Pronuncia e trasmissione dei numeri.

I numeri comprendenti più di una cifra vanno pronunciati separatamente. Fanno eccezione 100, 1.000 e i loro multipli, oppure 2.500, 3.700, ecc.

Qualora vi siano dubbi o lo si ritenga appropriato, i numeri vanno ripetuti singolarmente.

In caso di dubbi sulla comprensibilità si usa lo spelling. In caso di numeri decimali la virgola si pronuncia "decimale" o "decimal" in inglese.

Tutto ciò per prevenire collisioni, tenere ordinato il traffico, dare una buona condotta dei voli, assistere in caso di emergenze

➢ 10 – Dieci – TEN
➢ 100 – Cento – One Hundred
➢ 1.000 – mille – One Thousand
➢ 10.000 – dieci mila – Ten Thousand. Per livelli di volo One Hundred

- **Il riporto di posizione e quello di "operations normal".**

Al fine di ottenere un buon servizio, è necessario utilizzare il riporto di riposizione, noto anche come AIREP (Air report position) il quale è composto come di seguito:

➢ Nominativo
➢ Posizione attuale
➢ Quota
➢ Punto successivo
➢ Stimato

In aggiunta a quanto sopra, possono essere aggiunti nella prima chiamata, Aeroporto/Aviosuperficie di partenza e destinazione.

La prima chiamata radio deve comprendere (specialmente per i voli NO-FPL ovvero con Piano di volo Abbreviato)

➢ Nominativo
➢ Tipo
➢ Partenza
➢ Destinazione
➢ Totale persone a bordo e autonomia (solo Piani volo abbreviati)
➢ Posizione attuale
➢ Quota
➢ Punto successivo
➢ Stimato

Operazioni Normali

Tutti i voli VFR con piano di volo, hanno l'obbligo dei riporti di "Normali operazioni" da effettuarsi ogni 30' (minuti). Qualora non si riesca a stabilire il contatto bilaterale con il FIC o ente di controllo di avvicinamento o torre, si può rilanciare le normali operazioni a qualsiasi altro ente ATS lungo la rotta.
Il riporto di "Normali Operazioni" è molto importante ai fini del servizio di allarme, in quanto il mancato riporto delle ON, attiverà dopo 30 minuti in cui doveva essere riportato, le varie fasi del servizio di allarme (Incerfa, Allerfa, Detresfa)

- ## Il messaggio AIREP (Air Meteorological Report).

  Il messaggio AIREP, è un messaggio di riporto di condizioni meteo, che il pilota rilancia in frequenza all'ente ATS.
  Il messaggio AIREP deve contenere il nominativo dell'aeromobile, il tipo dell'aeromobile, il riporto da effettuare, la posizione geografica del riporto, la quota/quote del riporto.

A/M	**ROMA CONTROL ALITALIA 327 FOR SPECIAL REPORT** *(Roma Controllo, Alitalia 327 per un riporto meteo speciale)*
ACC	**ALITALIA 327 GO AHEAD** *(Alitalia 327, avanti)*
A/M	**ALITALIA 327 AIRBUS 320, WE REPORT MODERATE TURBOLENCE BETWEEN FL260 AND FL320 OVER ELBA.** *(Alitalia 327 Airbus 320, riportiamo turbolenza moderata tra livello volo 260 e livello volo 320 su ELBA)*

  Oppure

A/M	**ROMA INFO ULTRALIGHT IA100, WE REPORT MODERATE TURBOLENCE OVER TODI AT 3500 FT, TYPE OF AIRCRAFT P2008.** *(Roma info, ultralight IA100, riportiamo turbolenza moderata su Todi a 3500 ft, tipo dell'aeromobile P2008)*
INFO	**ULTRALIGHT IA100 Roma Info, ROGER**

- ## Il sistema SELCAL (Selective Call)

  Il sistema SELCAL (chiamate selettive), è un codice alfabetico a quattro lettere, assegnato agli aeromobili ed è particolarmente utilizzato nei voli oceanici.
  L'ente ATC, che necessita di mettersi in contatto con gli equipaggi, inserisce nel proprio apparato il codice SELCAL dell'aeromobile che intende contattare.

A bordo dell'aeromobile, un segnale acustico avvisa il pilota che l'ente ATC lo sta contattando, e lo stesso ricontatta l'ente ATC sulla frequenza.

- **Categorie dei messaggi del Servizio Mobile di Telecomunicazioni Aeronautiche, ordine di priorità.**

  I messaggi fra aeromobile e stazione di terra vengono divisi in categorie con un ordine di priorità

  1. Messaggi di Soccorso (Emergenza)
  2. Messaggi di Urgenza
  3. Messaggi radiogoniometrici
  4. Messaggi di sicurezza Volo
  5. Messaggi Meteorologici
  6. Messaggi relativi alla regolarità del volo

  > *Sono messaggi di soccorso, emergenza (MAY DAY-MAY DAY-MAY DAY).* i messaggi contenente richieste di soccorso (emessi quando sussiste un grave ed imminente pericolo per l'aeromobile e le persone a bordo).

  Esempio:
  "Mayday Mayday Mayday Olbia torre I-ABCD problemi al motore faremo un atterraggio d'emergenza posizione 3N/M a nord del campo 2000ft prua 185°"

  l'ente ATS

  - darà immediato ricevuto al messaggio, autorizzazione per un avvicinamento diretto, pista in uso, vento, QNH, QDM e tutte le informazioni necessarie al pilota.
  - Lancerà un messaggio a tutti gli aeromobili comunicando lo stato di emergenza del velivolo, la sua direzione di provenienza e fornirà istruzioni ad eventuali aeromobili affinché non interferiscano con la rotta del velivolo in emergenza.
  - Fornirà adeguate istruzioni agli aeromobili sul campo affinché il circuito venga liberato. Gli aeromobili in posizione attesa dovranno liberare e tornare al parcheggio.

- Imporre il silenzio radio affinché la frequenza sia a disposizione dell'aeromobile in emergenza.
- Allerterà i mezzi di soccorso

➢ **Sono messaggi d'urgenza (PAN PAN-PAN PAN-PAN PAN).** tutti quei messaggi che non richiedono immediata assistenza (questa espressione ICAO va intesa nel senso che: *"la situazione sia tale da escludere un disastro aviatorio".*

➢ **Sono messaggi d'urgenza medica (PAN PAN MEDICAL),** tutti quei messaggi che richiedono l'assistenza sanitaria, e a cui deve essere dato da parte del controllo il minor ritardo.

Detto messaggio potrà riguardare anche eventi particolari avvistati dal pilota sulla superficie (incendi di vaste proporzioni, navi in fiamme, aeromobili caduti o disastri in genere) nonché per stati di malessere in genere riguardanti i passeggeri per cui si necessita una "priorità all' atterraggio".

Esempio :

"PAN PAN PAN PAN PAN PAN Medical, Olbia torre I-ABCD, abbiamo un passeggero con sospetto attacco cardiaco posizione Capo Coda Cavallo 1500 ft in rotta per il vostro campo chiediamo priorità all' atterraggio".

Pertanto in tali analoghe circostanze sull' aeroporto non sarà attivato lo stato di emergenza (antincendio) ma solo servizio sanitario in modo che il passeggero possa avere una pronta assistenza medica.

Tutti i mezzi aerei di soccorso medico (eli ambulanza, aero ambulanza) dovranno utilizzare la parola Hospital Flight o Ambulance per avere la "priorità" all'atterraggio oppure l'aggiunta dello status di "Volo Ospedale" durante la prima chiamata.

Esempio:

Olbia torre I-ABCD Hospital Flight, oppure Olbia torre I-ABCD Ambulance….)

➤ *Sono messaggi radiogoniometrici,* i messaggi diretti ad ottenere dagli enti ATS rilevamenti gonio necessari per la determinazione della posizione e della corretta navigazione.

Esempio:

"Forlì Torre, I-AAAA richiede un QDM"

➤ *Sono messaggi di Sicurezza Volo,* tutte le comunicazioni che intercorrono fra i piloti e gli enti ATS relativi, tipo fenomeni meteorologici di rilevante importanza per la sicurezza dello aeromobile o comunicazioni tecnico operative originate dall'esercente che attengono all' efficienza dell'aeromobile.

Esempio:

"Roma torre, Alitalia 536 riporta wind-shear positivo 1 miglio in finale"

➤ *Sono messaggi meteorologici* i messaggi originati dagli enti ATS circa le condizioni meteorologiche attuali e/o previste su un determinato aeroporto, oppure i riporti AIREP (Air Report Meteorological Conditions) ovvero i riporti di condizioni meteo in volo rivolte dai piloti agli enti ATS (Turbolenza, formazione di ghiaccio ecc).

Esempio:

"Roma controllo, Alitalia 536 riporta turbolenza moderata tra FL280 e FL320"

➤ *Sono messaggi relativi alla regolarità dei voli* i messaggi relativi a ritardi, modifiche di itinerario, riporti ecc.

Esempio:

"Roma informazioni, Ultralight IA123, dopo Passo Corese proseguiamo per Todi 2000 ft"

Il messaggio di soccorso e/o urgenza, riveste particolare importanza nel nostro campo.

Il May day e/o il Pan Pan deve essere ripetuto tre volte prima di lanciare il messaggio, ciò in quanto la sua ripetizione attira immediata attenzione di tutti coloro che sono in frequenza.

Il messaggio deve essere composto da:

> MAY DAY, MAY DAY, MAY DAY.
> Ente a cui si vuole rilanciare il messaggio.
> Nominativo radio della stazione che effettua la trasmissione
> Natura dell'emergenza e/o urgenza.
> Intenzioni del pilota.
> Posizione del velivolo.
> Quota del velivolo.
> Prua del velivolo.
> Ogni altra informazione ritenuta utile e che possa assistere il personale del soccorso a raggiungere tempestivamente l'eventuale luogo di intervento.

Esempio:

MAY DAY MAY DAY MAY DAY, Olbia torre, I-AAAA motore in avaria, tentiamo un atterraggio di emergenza, posizione Nord Olbia 1500ft, prua 180°, 3 persone a bordo.

PAN PAN PAN PAN PAN PAN MEDICAL, Olbia Torre, I-AAAA passeggero a bordo gravemente ferito, veniamo sul vostro campo, posizione Nord Olbia 1500ft prua 180°.

Importanza riveste inoltre l'utilizzo dei codici transponder, i quali sono:

> 7500 per Pirateria.
> 7600 per Avaria.
> 7700 per Emergenza.

- **Imposizione del "silenzio radio" nelle procedure di emergenza.**

In casi di Emergenza, il Controllore del Traffico Aereo (CTA) o Operatore del Servizio Informazioni Volo (FISO), può imporre a tutti gli aeromobili in contatto sulla sua frequenza il silenzio radio.
La frase usata per attivare tale procedura è la seguente:
  - All traffic on this frequency, stop transmitting MAY DAY.
    (A tutto il traffico su questa frequenza, stop alle trasmissioni May Day)

    Oppure

  - All traffic on frequency 125.750, stop transmitting MAY DAY.
    (a tutto il traffico sulla frequenza 125.750, stop alle trasmissioni, May Day).

L'espressione May Day può essere anche sostituita dalla parola "Distress Traffic" (traffico in pericolo).

Da parte degli equipaggi di volo, nessuna risposta deve essere data via radio per evitare l'intasamento della frequenza.

Il silenzio radio, solitamente viene imposto dal controllore, solo dopo aver messo in "sicurezza" gli altri voli, ovvero, applicando separazioni, trasferendo il traffico su altre frequenze, istruendo il traffico ad orbitare su determinati punti.

Notevole importanza riveste il fatto, da parte del pilota di guardare sempre fuori dal finestrino.

- **Avaria radio e segnali luminosi emessi dalla Torre di Controllo.**

In caso di avaria radio al ricevitore o trasmettitore, bisogna dirottare sul primo aeroporto o aviosuperficie idonea più vicina.
In avvicinamento ad un aeroporto, le seguenti procedure saranno utilizzate da(riferimento regole dell'aria).
L'aeromobile "avviserà" la Torre di Controllo della sua situazione di Radio avaria, dopo aver osservato il traffico e certo che le sue manovre

non arrecheranno problemi alla sicura ed efficiente condotta del volo, un basso passaggio, in prossimità dei circuiti di traffico e "vicino" alla Torre, rollando le ali (Rock the Wings).

In nessun caso, il basso passaggio dovrà avvenire sulla pista di volo.

La Torre, osservata la manovra, utilizzerà le seguenti procedure:

Per A/M a terra. (Non è consentito partire in radio avaria)
- Luce Verde fissa = Autorizzato al decollo
- Luce Verde a lampi = Autorizzato al rullaggio
- Luce Rossa fissa = Stop
- Luce Rossa a lampi = Liberate la pista
- Luce Bianca a lampi = Ritornate al parcheggio

Per A/M in volo.
- Luce Verde fissa = Autorizzato all'atterraggio
- Luce Verde a lampi = Ritornate per l'atterraggio
- Luce Rossa fissa = Dare precedenza
- Luce Rossa a lampi = Aeroporto insicuro
- Luce Bianca a lampi = Atterrate su questo aeroporto
- Razzo rosso = Annullate le precedenti istruzioni.

Segnali di Ricevuto al suolo:
- di Giorno - muovendo gli alettoni o il timone
- di Notte - accendendo e spegnendo per 2 volte il faro di atterraggio o le luci navigazione

Segnali di Ricevuto in volo:
- di Giorno - battendo le ali
- di Notte - accendendo e spegnendo per 2 volte il faro di atterraggio o le luci navigazione

RADIOTELEFONIA AERONAUTICA

Tratta dal

ICAO Doc9432 Manual of Radiotelephony

Radiotelefonia Aeronautica- Linee Guida ENAC

Abbreviazioni

ADS	*Automatic Dependent Surveillance* – Sorveglianza dipendente automatica
AFIS	*Aerodrome Flight Information Service* – Servizio informazioni volo aeroportuale
ANSP	*Air Navigation Service Provider* – Fornitore di Servizi della Navigazione Aerea
ATC	*Air Traffic Control* – Controllo del Traffico Aereo
ATFCM	*Air Traffic Flow and Capacity Management* – Gestione della capacità e del flusso di traffico aereo
ATS	*Air Traffic Services* – Servizi del traffico aereo
CPDLC	Controller-Pilot Data Link Communications – Comunicazioni data-link controllore/pilota
FIR	*Flight Information Region* – Regione informazioni volo
FIS	*Flight Information Service* – Servizio informazioni volo
FRQ	*Radio frequency* – Frequenza radio
ICAO	*International Civil Aviation Organization* – Organizzazione internazionale dell'aviazione civile
IFR	*Instrument Flight Rules* – Regole del volo strumentale
ILS	*Instrument Landing System* – Sistema di avvicinamento strumentale
IMC	*Instrument Meteorological Conditions* – Condizioni meteorologiche per il volo strumentale
MRCC	*Maritime Rescue Coordination Center* (Capitaneria di Porto – Guardia Costiera)
MLS	*Microwave Landing System* – Sistema di avvicinamento a microonde
NDB	*Non-Directional Beacon* – Radiofaro non-direzionale
PAR	*Precision Approach Radar* – Radar di avvicinamento di precisione
RCC	*Rescue Coordination Center* (Aeronautica Militare)
RNAV	*Area Navigation* – Navigazione d'area
RVSM	*Reduced Vertical Separation Minima* – Minima separazione verticale ridotta
SNA	Servizi di Navigazione Aerea
SRA	*Surveillance Radar Approach* – Avvicinamento con radar di sorveglianza

SSR	*Secondary Surveillance Radar –* Radar Secondario di Sorveglianza
TACAN	*Tactical Air Navigation system –* Sistema di navigazione aerea tattica
TCAS	*Traffic alert and Collision Avoidance System –* Sistema di allerta del traffico ed evitamento di collisione
TODA	*Take-Off Distance Available –* Distanza disponibile per il decollo
TORA	*Take-Off Run Available –* Corsa disponibile per il decollo
VFR	*Visual Flight Rules –* Regole del volo a vista
VMC	*Visual Meteorological Conditions –* Condizioni meteorologiche per il volo a vista
VOR	*VHF Omnidirectional Radio range –* Radiofaro omnidirezionale in VHF
VTOL	*Vertical Take-Off and Landing –* Atterraggio e decollo verticali
AFIS	*Aerodrome Flight Information Service –* Servizio informazioni volo aeroportuale
ANSP	*Air Navigation Service Provider –* Fornitore di Servizi della Navigazione Aerea
ATC	*Air Traffic Control –* Controllo del Traffico Aereo
ATS	*Air Traffic Services –* Servizi del traffico aereo
FIR	*Flight Information Region –* Regione informazioni volo
FIS	*Flight Information Service –* Servizio informazioni volo
FRQ	*Radio frequency –* Frequenza radio
ICAO	*International Civil Aviation Organization –* Organizzazione internazionale dell'aviazione civile
IFR	*Instrument Flight Rules –* Regole del volo strumentale
ILS	*Instrument Landing System –* Sistema di avvicinamento strumentale
IMC	*Instrument Meteorological Conditions –* Condizioni meteorologiche per il volo strumentale
MRCC	*Maritime Rescue Coordination Center MRCC* Centro per il Coordinamento Soccorso Marittimo (Marina)
MLS	*Microwave Landing System –* Sistema di avvicinamento a microonde
NDB	*Non-Directional Beacon –* Radiofaro non-direzionale
PAR	*Precision Approach Radar –*

	Radar di avvicinamento di precisione
RCC	*Rescue Coordination Center RCC (Aeronautica Militare* Centro Coordinamento del soccorso
RNAV	*Area Navigation* – Navigazione d'area
SNA	Servizi di Navigazione Aerea
SRA	*Surveillance Radar Approach* – Avvicinamento con radar di sorveglianza
SSR	*Secondary Surveillance Radar* – Radar Secondario di Sorveglianza
PSR	*Primary Surveillance Radar* Radar primario di sorveglianza
TACAN	*Tactical Air Navigation system* – Sistema di navigazione aerea tattica
TCAS	*Traffic alert and Collision Avoidance System* – Sistema di allerta del traffico ed evitamento di collisione
TODA	*Take-Off Distance Available* – Distanza disponibile per il decollo
TORA	*Take-Off Run Available* – Corsa disponibile per il decollo
ASDA	*Accellerate Stop Distance Available* Distanza disponibile Accelerazione e Arresto
LDA	*Landing Distance Available* Distanza Disponibile per l'Atterraggio
VFR	*Visual Flight Rules* – Regole del volo a vista
VMC	*Visual Meteorological Conditions* – Condizioni meteorologiche per il volo a vista
VOR	*VHF Omnidirectional Radio range* – Radiofaro omnidirezionale in VHF
VTOL	*Vertical Take-Off and Landing* – Atterraggio e decollo verticali

Frasi standard e loro significato

Frase Inglese	Frase in Italiano	Significato
ACKNOWLEDGE	ACCUSATE IL RICEVUTO	*"Fateci sapere che avete ricevuto e compreso questo messaggio"*
AFFIRM	AFFERMO	*"Sì"*
APPROVED	APPROVATO	*"È accordato il permesso per svolgere l"azione proposta"*
BREAK	BREAK	*"Con la presente indichiamo la separazione tra le porzioni del messaggio"*
BREAK BREAK	BREAK BREAK	*"Con al presente indichiamo la separazione tra i messaggi trasmessi a differenti aeromobili in un ambiente molto impegnato"*
CANCEL	CANCELLATE	*"Annullate l"autorizzazione precedentemente trasmessa"*
CHECK	VERIFICATE	*"Esaminate un sistema o una procedura"* (Non si attende normalmente alcuna risposta)
CLEARED	AUTORIZZATI	*"Autorizzati a procedere secondo le condizioni specificate"*
CONFIRM	CONFERMATE	*"Richiediamo la verifica di ..."* (autorizzazione, istruzione, azione, informazione)"
CONTACT	CONTATTATE	*"Stabilite il contatto radio con..."*
CORRECT	CORRETTO	*"l'istruzione passata o autorizzazione o informazione è corretta"*
CORRECTION	CORREZIONE	*"È stato commesso un errore in questa trasmissione (o nel messaggio indicato). La versione corretta è..."*
DISREGARD	DISREGARD	*"Ignorate"*, considerate il messaggio come mai avvenuto
HOW DO YOU READ?	COME RICEVETE?	*"Qual è l"intelligibilità della nostra trasmissione?"*
I SAY AGAIN	RIPETO	*"Ripetiamo per chiarezza o per enfasi"*
MAINTAIN	MANTENETE	*"Continuate in accordo alla condizione specificata"* oppure nel suo significato letterale (es. Maintain/Mantenete VFR)

MONITOR	MONITORATE	*"Mantenete l''ascolto su (frequenza)"*
NEGATIVE	NEGATIVO	*"No" oppure "Permesso non accordato" oppure "Non è corretto" oppure "Non in grado"*
READ BACK	READ BACK	*"Ripeteteci tutto, oppure una parte specificata, di questo messaggio esattamente come ricevuto"*
RECLEARED	RIAUTORIZZATI	*"E" stato effettuato un cambiamento all'ultima vostra autorizzazione e questa nuova autorizzazione sostituisce la precedente o parte di essa"*
REPORT	RIPORTATE	*"Comunicateci la seguente informazione..."*
REQUEST	RICHIEDIAMO	*"Vorremmo sapere..." oppure "Desideriamo ottenere..."*
ROGER	RICEVUTO	*"Abbiamo ricevuto tutta la vostra ultima trasmissione"* Non si usa nel caso in cui deve essere fatto il read-back o nel caso dell'uso di Affirm o Negative
SAY AGAIN	RIPETETE	*"Ripetete tutto, oppure la seguente parte, della vostra ultima trasmissione"*
SPEAK SLOWER	PARLATE PIÙ LENTAMENTE	*"Riducete il vostro rateo di trasmissione in quanto molto rapido e di difficile comprensione"*
STANDBY	STANDBY	*"restate in attesa, vi richiameremo"*
UNABLE	IMPOSSIBILITATI	*"Non possiamo ottemperare alla vostra richiesta, istruzione o autorizzazione"*
WILCO	WILCO	*(Abbreviato da —will comply) "Abbiamo compreso il vostro messaggio e ci atterremo ad esso"*
WORDS TWICE	TRASMETTETE (o TRASMETTIAMO) LE PAROLE DUE VOLTE	*a) Come richiesta: "La comunicazione è difficile. Per favore trasmettete ogni parola, o gruppo di parole, due volte"* *b) Come informazione: "Dato che la comunicazione è difficile, ogni parola, o gruppo di parole, in questo messaggio sarà trasmesso due volte"*

Trasmissione dei numeri in frequenza

Al fine di evitare incomprensioni nella fornitura dei numeri, essi vanno pronunciati come di seguito:

Numero	Pronuncia (Inglese)	Pronuncia (Italiano)
0	ZE-RO	ZERO
1	WUN	UNO
2	TOO	DUE
3	TREE	TRE
4	FOW-er	QUATTRO
5	FIFE	CINQUE
6	SIX	SEI
7	SEV-en	SETTE
8	AIT	OTTO
9	NIN-er	NOVE
10	TEN	DIECI
DECIMAL	DAY-SEE-MAL	DECIMALI
HUNDRED	HUN-dred	CENTO
THOUSAND	TOU-SAND	MILA
ONE THOUSAND	WUN-TOU-SAND	MILLE

I numeri, vanno sempre pronunciati distintamente.
Esempi di pronuncia dei numeri

AZA1346	*ALITALIA ONE THREE FOUR SIX*	*ALITALIA UNO TRE QUATTRO SEI*
ISS 242	*MERIDIANA TWO FOUR TWO*	*MERIDIANA DUE QUATTRO DUE*
FL 180	*FLIGHT LEVEL ONE EIGHT ZERO*	*LIVELLO DI VOLO UNO OTTO ZERO*
FL 200	*FLIGHT LEVEL TWO ZERO ZERO*	*LIVELLO DI VOLO DUE ZERO ZERO*
100°	*HEADING ONE ZERO ZERO*	*PRUA UNO ZERO ZERO*
080°	*HEADING ZERO EIGHT ZERO*	*PRUA ZERO OTTO ZERO*
200°/70kts	*WIND TWO ZERO ZERO DEGREES SEVEN ZERO KNOTS*	*VENTO DUE ZERO ZERO GRADI SETTE ZERO NODI*

160°/18kts G30kts	*WIND ONE SIX ZERO DEGREES ONE EIGHT KNOTS GUSTING THREE ZERO KNOTS*	*VENTO UNO SEI ZERO GRADI UNO OTTO NODI RAFFICHE TRE ZERO NODI*
2400	*SQUAWK TWO FOUR ZERO ZERO*	*SQUAWK DUE QUATTRO ZERO ZERO*
4203	*SQUAWK FOUR TWO ZERO THREE*	*SQUAWK QUATTRO DUE ZERO TRE*
27	*RUNWAY TWO SEVEN*	*PISTA DUE SETTE*
30	*RUNWAY THREE ZERO*	*PISTA TRE ZERO*
1010 hPa	*QNH ONE ZERO ONE ZERO*	*QNH UNO ZERO ONE ZERO*
1000 hPa	*QNH ONE ZERO ZERO ZERO*	*QNH UNO ZERO ZERO ZERO*
998 hPa	*QNH NINE NINE EIGHT*	*QNH NOVE NOVE OTTO*

I numeri utilizzati nella trasmissione di altitudini, altezza delle nubi, visibilità e informazioni sulla portata visuale di pista (RVR), sono trasmessi pronunciando ogni cifra del numero di centinaia o migliaia seguito dalla parola HUNDRED/CENTO oppure THOUSAND/MILA (ONE THOUSAND/MILLE).

Le combinazioni di migliaia e centinaia intere sono trasmesse pronunciando ogni cifra del numero di migliaia, seguito dalla parola THOUSAND/MILA (ONE THOUSAND/MILLE) e il numero delle centinaia, seguito dalla parola HUNDRED/CENTO.

Nelle comunicazioni in lingua italiana, le distanze sono trasmesse pronunciando il numero per intero seguito dalla parola miglia, chilometri, metri .

800 ft	*EIGHT HUNDRED*	*OTTOCENTO piedi*
3400 ft	*THREE THOUSAND FOUR HUNDRED*	*TREMILAQUATTROCENTO piedi*
12000 ft	*ONE TWO THOUSAND*	*DODICIMILA piedi*
2200	*TWO THOUSAND TWO HUNDRED*	*DUEMILADUECENTO*
1000 m	*VISIBILTY ONE THOUSAND*	*VISIBILITÀ MILLE metri*
700 m	*VISIBILITY SEVEN HUNDRED*	*VISIBILITÀ SETTECENTO metri*
600 m	*RVR SIX HUNDRED*	*RVR SEICENTO*

1700 m	*RVR ONE THOSAND SEVEN HUNDRED*	*RVR MILLESETTECENTO metri*
13 NM	*ONE THREE MILES*	*TREDICI MIGLIA*
24 NM	*TWO FOUR MILES*	*VENTIQUATTRO MIGLIA*

Le frequenze, che contengono decimali, devono contenere DECIMAL.

100.25	*ONE ZERO ZERO DECIMAL TWO FIVE*	*UNO ZERO ZERO DECIMALI DUE CINQUE*
131.125	*ONE THREE ONE DECIMAL ONE TWO FIVE*	*UNO TRE UNO DECIMALI UNO DUE CINQUE*
118.100	*ONE ONE HEIGHT DECIMAL ONE*	*UNO UNO OTTO DECIMALI UNO*

Il gruppo orario ve riportato come di seguito:

0621	*TIME TWO ONE (or ZERO SIX TWO ONE)*	*ORARIO DUE TRE (o ZERO SEI DUE UNO)*
2136	*TIME THREE SIX (or TWO ONE THREE SIX)*	*ORARIO TRE SEI (o DUE UNO TRE SEI)*
1300	*TIME ONE THREE ZERO ZERO*	*ORARIO UNO TRE ZERO ZERO*
16"	*ONE SIX MINUTES*	*SEDICI MINUTI*
30"	*THREE ZERO SECONDS*	*TRENTA SECONDI*

Nominativi radio delle stazioni aeronautiche

Le stazioni aeronautiche nel servizio mobile aeronautico sono identificate dal nome della località di riferimento dell'ente e dal servizio fornito (e disponibile).

Centro di controllo d'area	*CONTROL*	*CONTROLLO*
Radar (generico)	*RADAR*	*RADAR*
Controllo di avvicinamento	*APPROACH*	*AVVICINAMENTO*
Controllo di avvicinamento radar - arrivi	*ARRIVAL*	*ARRIVI*
Controllo di avvicinamento radar - partenze	*DEPARTURE*	*PARTENZE*
Controllo di aeroporto	*TOWER*	*TORRE*
Controllo dei movimenti al suolo	*GROUND*	*GROUND*
Trasmissione delle autorizzazioni	*DELIVERY*	*DELIVERY*
Avvicinamento radar di precisione	*PRECISION*	*PRECISIONE*
Stazione radiogoniometrica	*HOMER*	*GONIO*
Servizio informazioni volo	*INFORMATION*	*INFORMAZIONI*
Controllo dei piazzali di parcheggio	*APRON*	*APRON*
Ufficio operazioni volo di compagnia	*DISPATCH*	*DISPACER*
Stazione aeronautica (no ente ATS)	*RADIO*	*RADIO*
Servizio informazioni volo aeroportuale (AFIS)	*AERODROME INFORMATION (INFORMATION se abbreviato da ente ATS dopo prima chiamata)*	*INFORMAZIONI AEROPORTO (INFORMATZIONI se abbreviato da ente ATS dopo prima chiamata)*

Procedure radiotelefoniche

Stabilire le comunicazioni radiotelefoniche

…per stabilire il contatto radio	*(unit identification)* *(aircraft identification)*	*(nominativo ente)* *(nominativo aeromobile)*
…per rispondere e invitare a continuare la comunicazione	*(aircraft identification)* *(unit identification)*	*(nominativo aeromobile)* *(nominativo ente)*
…per efettuare la chiamata generale a tutte le stazioni	ALL STATIONS *(station calling)* *(messagge)*	A TUTTE LE STAZIONI *(stazione chiamante)* *(messaggio)*
…in caso non sia stato compreso il nominativo della stazione chiamante	STATION CALLING *(station called)* SAY AGAIN YOUR CALL SIGN	STAZIONE CHE CHIAMA *(stazione chiamata)* RIPETETE IL VOSTRO NOMINATIVO

Prova delle comunicazioni

…interrogazione, per provare le comunicazioni	*(identification of the station being called)* *(aircraft identification)* RADIO CHECK *(frequency being used)*	*(nominativo della stazione chiamata)* *(nominativo dell'aeromobile)* PROVA RADIO *(frequenza in uso)*
…risposta, con indicazioni dell"intelligibilità della comunicazione	*(identification of the aircraft) (identification of the station replying)* *(information regarding the readability of the aircraft transmission):*	*(nominativo dell'aeromobile)* *(nominativo della stazione che risponde) (informazioni sull'intelligibilità della trasmissione dell'aeromobile):*
…scala di intelligibilità	1. UNREADABLE 2. READABLE NOW AND THEN 3. READABLE WITH DIFFICULTY 4. READABLE 5. PERFECTLY READABLE	1. INCOMPRENSIBILE 2. COMPRENSIBILE A TRATTI 3. COMPRENSIBILE CON DIFFICOLTÀ 4. COMPRENSIBILE 5. PERFETTAMENTE COMPRENSIBILE

Correzioni e ripetizioni

...se è stato commesso un errore nella trasmissione	CORRECTION...*(last correct group or phrase repeated) (correct version)*	CORREZIONE...*(ultimo gruppo o frase corretta ripetuta) (versione corretta)*
...se, per una più efficace correzione, è necessaria la ripetizione del messaggio	CORRECTION, I SAY AGAIN...*(entire message)*	CORREZIONE, RIPETO...*(intero messaggio)*
...se la stazione ricevente è in dubbio sulla correttezza del messaggio ricevuto	SAY AGAIN *(wind, altimeter, runway, frequency, or entire message)*	RIPETETE *(vento, regolaggio altimetro, pista, frequenza, o intero messaggio)*
...se è richiesta la ripetizione di una parte del messaggio ricevuto	SAY AGAIN ALL BEFORE...*(first word satisfactorily received)* SAY AGAIN ALL AFTER...*(last word satisfactorily received)* SAY AGAIN...*(word before missing portion)* TO...*(word after missing portion)*	RIPETETE TUTTO PRIMA DI...*(prima parola compresa)* RIPETETE TUTTO DOPO... *(ultima parola compresa)* RIPETETE DA...*(parola precedente alla parte mancante)* A...*(parola successiva alla parte mancante)*
...se, verificando la correttezza di un *read-back*, si rilevano elementi non esatti	NEGATIVE, I SAY AGAIN *(correct version of the items concerned)*	NEGATIVO, RIPETO *(versione corretta degli elementi interessati)*

Riporto di "operations normal"

	(aircraft call sign) (position) OPERATIONS NORMAL	*(nominativo aeromobile) (posizione)* NORMALI OPERAZIONI

Avaria alle comunicazioni

…in caso di impossibilità a ristabilire un precedente contatto radio con una stazione aeronautica	TRANSMITTING BLIND *(intended message repeated twice)* [*aeronautical station*]	TRASMISSIONE ALL"ARIA *(messaggio che si intende trasmettere ripetuto due volte)* [*stazione aeronautica*]
…in caso di avaria all"apparato ricevente di bordo, per trasmettere riporti di posizione	TRANSMITTING BLIND DUE TO RECEIVER FAILURE *(intended message repeated twice)* NEXT REPORT AT *(time)* *(intentions of pilot in command about the continuation of the flight)*	TRASMISSIONE ALL"ARIA CAUSA AVARIA AL RICEVITORE *(messaggio che si intende trasmettere ripetuto due volte)* PROSSIMO RIPORTO AI *(orario)* *(intenzioni del pilota responsabile circa la prosecuzione del volo)*

Procedure di comunicazione in situazioni di emergenza e urgenza

Breve definizione sulle condizioni di emergenza e di urgenza:

> *EMERGENZA (DISTRESS):* situazione in cui esiste un rischio derivante da un pericolo grave e/o imminente e che richiede assistenza immediata.
> *URGENZA (URGENCY):* situazione riguardante la sicurezza di un aeromobile o altro veicolo, o di alcune persone a bordo o in vista, ma che non richiede assistenza immediata.

Comunicazioni radiotelefoniche di emergenza

…per trasmettere messaggi di emergenza	MAYDAY (preferably spoken three times) and the following elements spoken, if possible, in the following order: 1. *(ATS unit identification)* 2. *(aircraft identification)*	MAYDAY (preferibilmente ripetuto tre volte) e i seguenti elementi trasmessi, se possibile, nel seguente ordine: 1. *(nominativo ente ATS)* 2. *(nominativo aeromobile)*

	3. *(nature of the distress condition)* 4. *(intention of the pilot-in-command)* 5. *(present position, level, heading)*	3. *(natura dell'emergenza)* 4. *(intenzioni del pilota responsabile)* 5. *(posizione attuale, livello, prua)*
...per imporre il silenzio radio	*(aeronautical station call sign)* (*or* ALL STATION) STOP TRANSMITTING, MAYDAY	*(nominativo stazione aeronautica)* (*o* A TUTTE LE STAZIONI) SILENZIO RADIO, MAY DAY IN CORSO
...per comunicare che l'"emergenza non è più in atto	*(aeronautical station call sign)* (*or* ALL STATION) DISTRESS TRAFFIC ENDED	*(nominativo stazione aeronautica)* (*o* A TUTTE LE STAZIONI) SITUAZIONE DI EMERGENZA TERMINATA

Comunicazioni radiotelefoniche di urgenza

...per trasmettere messaggi di urgenza	PAN PAN (preferably spoken three times) and the following elements spoken, if possible, in the following order: 1. *(ATS unit identification)* 2. *(aircraft identification)* 3. *(nature of the urgency condition)* 4. *(intention of the pilot-in-command)* 5. *(present position, level, heading)* 6. [*any other useful information*]	PAN PAN (preferibilmente ripetuto tre volte) e i seguenti elementi trasmessi, se possibile, nel seguente ordine: 1. *(nominativo ente ATS)* 2. *(nominativo aeromobile)* 3. *(natura della condizione di urgenza)* 4. *(intenzioni del pilota responsabile)* 5. *(posizione attuale, livello, prua)* 6. [*ogni altra informazione utile*]
...per trasmettere i messaggi riguardanti un trasporto medico ai sensi della *Convenzione di Ginevra* del 1949 e dei *Protocolli –*	PAN PAN (preferably spoken three times) MEDICAL and the following data: 1. *(call sign or other recognized means of identification of the*	PAN PAN (preferibilmente ripetuto tre volte) MEDICAL e i seguenti dati: 1. *(nominativo radio o altro mezzo riconosciuto di identificazione del*

- *Aggiuntivi*	*medical transports)* *2. (position)* *3. (number and type of the medical transports)* *4. (intended route)* *5. (estimated time en route, of departure, of arrival, as appropriate)* *6. [any other useful information (level) (frequencies) (languages used) (SSR modes and codes)]*	*trasporto medico)* *2. (posizione)* *3. (numero e tipo di trasporto medico)* *4. (rotta pianificata)* *5. (orario stimato in rotta, di partenza o di arrivo, come appropriato)* *6. [ogni altra informazione utile (livello) (frequenze) (linguaggi utilizzati) (modi e codici SSR)]*

Fraseologia ATC
Generale

- ### *DESCRIZIONE DEI LIVELLI*

	FLIGHT LEVEL *(number)*	LIVELLO DI VOLO *(numero)*
	(number) FEET	*(numero)* PIEDI

- ### *CAMBI DI LIVELLO, RIPORTI DI LIVELLO E RATEI (SALITA/DISCESA)*

	CLIMB (*or* DESCEND) followed as necessary by	SALITE (*o* SCENDETE) seguito ove necessario da:
... istruzione ad iniziare la salita (o la discesa) ai livelli compresi nel blocco verticale definito	1) TO *(level)*	1) A *(livello)*
	2) TO AND MAINTAIN BLOCK *(level)* TO *(level)*	2) A E MANTENETE IL BLOCCO DA *(livello)* A *(livello)*
	3) TO REACH *(level)* AT *(or* BY*)* *(time or significant point)*	3) FINO A RAGGIUNGERE *(livello)* AI/SU *(o* ENTRO/PRIMA DI*)* *(orario o punto significativo)*
	4) REPORT LEAVING (*or* REACHING, *or* PASSING) *(level)*	4) RIPORTATE LASCIANDO (*o* RAGGIUNGENDO, *o* ATTRAVERSANDO) *(livello)*
...solo per aeromobili supersonici	5) AT *(number)* FEET PER MINUTE [OR GREATER (*or* OR LESS)]	5) A *(numero)* PIEDI AL MINUTO [O PIU" (*o* O MENO)]
	6) REPORT STARTING ACCELERATION (*or* DECELERATION)	6) RIPORTATE INIZIANDO ACCELERAZIONE (*o* DECELERAZIONE)

	MAINTAIN AT LEAST *(number)* (*or* FEET) ABOVE (*or* BELOW) *(aircraft call sign)*	MANTENETE ALMENO *(numero)* (*o* PIEDI) SOPRA (*o* SOTTO) *(nominativo aeromobile)*
	REQUEST LEVEL (*or* FLIGHT LEVEL *or* ALTITUDE) CHANGE FROM *(name of unit)* [AT *(time or significant point)*]	RICHIEDETE CAMBIO DI LIVELLO (*o* LIVELLO DI VOLO *o* ALTITUDINE) A *(nominativo ente)* [AI/SU *(orario o punto significativo)*]
…quando l"ATC è impossibilitato ad autorizzare il livello richiesto dall"aeromobile	*(level)* NOT AVAILABLE DUE *(reason)* ALTERNATIVE[S] IS/ARE *(level)* ADVISE	*(livello)* NON DISPONIBILE CAUSA *(motivi)* ALTERNATIVA[E] È/SONO *(livello)* AVVISATE
	STOP CLIMB (*or* DESCENT) AT *(level)*	FERMATE LA SALITA (*o* DISCESA) A *(livello)*
	CONTINUE CLIMB (*or* DESCENT) TO *(level)*	CONTINUATE LA SALITA (*o* DISCESA) A *(livello)*
	EXPEDITE CLIMB (*or* DESCENT) [UNTIL PASSING *(level)*]	AFFRETTATE LA SALITA (*o* DISCESA) [FINO AD ATTRAVERSARE *(livello)*]
	WHEN READY CLIMB (*or* DESCEND) TO *(level)*	QUANDO PRONTI SALITE (*o* SCENDETE) A *(livello)*
	EXPECT CLIMB (*or* DESCENT) AT *(time or significant point)*	ASPETTATEVI SALITA (*o* DISCESA) AI *(orario)* o SU *(punto significativo)*
	REQUEST DESCENT AT *(time)*	RICHIEDIAMO DISCESA AI *(orario)*
...per richiedere azioni	IMMEDIATELY	IMMEDIATAMENTE
ad un specifico orario o località	AFTER PASSING *(significant point)* AT *(time or significant point)*	DOPO AVER PASSATO *(punto significativo)* AI/SU *(orario o punto significativo)*
…per richiedere un'azione se opportuno	WHEN READY *(instruction)*	QUANDO PRONTI *(istruzione)*
…per richiedere ad un aeromobile di salire o scendere mantenendo la	MAINTAIN OWN SEPARATION AND VMC FROM *(level)* TO *(level)*	MANTENETE PROPRIA SEPARAZIONE E VMC DA *(livello)* A *(livello)*]

propria separazione e le condizioni VMC	MAINTAIN OWN SEPARATION AND VMC ABOVE (*or* BELOW, *or* TO) (*level*)	MANTENETE PROPRIA SEPARAZIONE E VMC SOPRA (*o* SOTTO, *o* FINO A) (*livello*)
...quando esistano dubbi che un aeromobile possa attenersi ad un"autorizzazione o istruzione	IF UNABLE (*alternative instructions*) AND ADVISE	SE IMPOSSIBILITATI (*istruzioni alternative*) E AVVISATE
...quando un pilota sia impossibilitato ad attenersi ad un"autorizzazione o istruzione	UNABLE	IMPOSSIBILITATI
...dopo che un equipaggio di volo inizia a deviare da un"autorizzazione o istruzione ATC per attenersi ad un avviso di risoluzione (RA) ACAS (interscambio pilota controllore)	TCAS RA ROGER	TCAS RA RICEVUTO
...dopo aver completato la risposta ad un RA ACAS e iniziare il ritorno all"autorizzazione o istruzione ATC (interscambio pilota controllore)	CLEAR OF CONFLICT, RETURNING TO (*assigned clearance*) ROGER	LIBERI DAL CONFLITTO RITORNIAMO A (*autorizzazione assegnata*) RICEVUTO
...dopo aver completato la risposta ad un RA ACAS ed essere ritornati all"autorizzazione o istruzione ATC precedentemente assegnata (interscambio pilota controllore)	CLEAR OF CONFLICT (*assigned clearance*) RESUMED ROGER (*or alternative instructions*)	LIBERI DAL CONFLITTO ABBIAMO RIPRESO (*autorizzazione assegnata*) RICEVUTO (*o istruzioni alternative*)

... dopo aver ricevuto un"autorizzazione o istruzione ATC in contrasto con un RA ACAS, l"equipaggio di volo seguirà la RA informandone direttamente l"ATC (interscambio pilota controllore)	UNABLE, TCAS RA ROGER	IMPOSSIBILITATI, TCAS RA RICEVUTO
... autorizzazione per cancellare, durante la salita, le restrizioni di livello del profilo verticale di una SID	CLIMB TO *(level)* [LEVEL RESTRICTION(S) *(SID designator)* CANCELLED *(or)* LEVEL RESTRICTION(S) *(SID designator)* AT *(point)* CANCELLED]	SALITE A *(livello)* [RESTRIZIONE(I) DI LIVELLO *(designatore SID)* CANCELLATA(E) *(o)* RESTRIZIONE(I) *(designatore SID)* SU *(punto)* CANCELLATA(E)]
... autorizzazione per cancellare, durante la discesa, le restrizioni di livello del profilo verticale di una STAR	DESCEND TO *(level)* [LEVEL RESTRICTION(S) *(STAR designator)* CANCELLED *(or)* LEVEL RESTRICTION(S) *(STAR designator)* AT *(point)* CANCELLED]	SCENDETE A *(livello)* [RESTRIZIONE(I) DI LIVELLO *(designatore STAR)* CANCELLATA(E) *(o)* RESTRIZIONE(I) *(designatore STAR)* SU *(punto)* CANCELLATA(E)]

- ### *MINIMUM FUEL*

... indicazioni di combustibile minimo	MINIMUM FUEL ROGER, NO DELAY EXPECTED or EXPECT *(delay information)*	MINIMUM FUEL RICEVUTO, NESSUN RITARDO PREVISTO *o* ASPETTATEVI *(informazioni sul ritardo)*

- ## *TRASFERIMENTO DI CONTROLLO E/O CAMBIO DI FREQUENZA*

	CONTACT *(unit call sign) (frequency)* [NOW]	CONTATTATE *(nominativo ente) (frequenza)* [ORA]
	AT *(or OVER) (time or place)* [*or* WHEN PASSING / LEAVING / REACHING *(level)*] CONTACT *(unit call sign) (frequency)*	AI *(o* SU*) (orario o località)* [*o* ATTRAVERSANDO / LASCIANDO / RAGGIUNGENDO *(livello)*] CONTATTATE *(nominativo ente) (frequenza)*
	IF NO CONTACT *(instructions)*	IN CASO DI CONTATTO NEGATIVO *(istruzioni)*
Nota. – Ad un aeromobile può essere richiesto —STAND BY‖ su una frequenza quando è previsto che l'ente ATS inizierà le comunicazioni a breve, e —MONITOR/ MONITORATE‖ su una frequenza quando l'informazione verrà diffusa subito dopo	STAND BY FOR *(unit call sign) (frequency)*	IN ATTESA PER *(nominativo ente) (frequenza)*
	REQUEST CHANGE TO *(frequency)*	RICHIEDIAMO CAMBIO SU *(frequenza)*
	FREQUENCY CHANGE APPROVED	CAMBIO FREQUENZA APPROVATO
	MONITOR *(unit call sign) (frequency)*	MONITORATE *(nominativo ente) (frequenza)*
	MONITORING *(frequency)*	MONITORIAMO SU *(frequenza)*
	WHEN READY CONTACT *(unit call sign) (frequency)*	QUANDO PRONTI CONTATTATE *(nominativo ente) (frequenza)*

	REMAIN THIS FREQUENCY	RIMANETE SU QUESTA FREQUENZA

- ## *SPAZIAMENTO CANALI 8.33 KHZ*

... per richiedere conferma della capacità 8,33 kHz	CONFIRM EIGHT POINT THREE THREE	CONFERMATE OTTO PUNTO TRE TRE
...per indicare la capacità 8.33 kHz	AFFIRM EIGHT POINT THREE THREE	AFFERMO OTTO PUNTO TRE TRE
...per indicare la mancanza di capacità 8.33 kHz	NEGATIVE EIGHT POINT THREE THREE	NEGATIVO OTTO PUNTO TRE TRE
... per richiedere la capacità UHF	CONFIRM UHF	CONFERMATE UHF
per indicare la capacità UHF	AFFIRM UHF	AFFERMO UHF
per indicare la mancanza di capacità UHF	NEGATIVE UHF	NEGATIVO UHF
... per richiedere lo status in relazione all''esenzione 8,33 kHz	CONFIRM EIGHT POINT THREE THREE EXEMPTED	CONFERMATE ESENTATI DA OTTO PUNTO TRE TRE
... per indicare lo status di esenzione 8,33 kHz	AFFIRM EIGHT POINT THREE THREE EXEMPTED	AFFERMO ESENZIONE DA OTTO PUNTO TRE TRE
... per indicare lo status di non-esenzione 8,33 kHz	NEGATIVE EIGHT POINT THREE THREE EXEMPTED	NEGATIVO ESENZIONE DA OTTO PUNTO TRE TRE
... per indicare che una certa autorizzazione	DUE TO EIGHT POINT THREE THREE REQUIREMENT	CAUSA REQUISITO OTTO PUNTO TRE TRE

- ## *CAMBIAMENTO DEL NOMINATIVO RADIOTELEFONICO*

... per istruire un aeromobile a cambiare il suo nominativo	CHANGE YOUR CALL SIGN TO *(new call sign)* [UNTIL FURTHER ADVISED]	CAMBIATE IL VOSTRO NOMINATIVO IN *(nuovo nominativo)* [FINO AD ULTERIORE AVVISO]

| ...per avvisare un aeromobile di riassumere il nominativo indicato nel piano di volo | REVERT TO FLIGHT PLAN CALL SIGN *(call sign)* [AT *(significant point)*] | RITORNATE AL NOMINATIVO DA PIANO DI VOLO *(nominativo)* [SU *(punto significativo)*] |

• *INFORMAZIONI DI TRAFFICO*

...per dare informazioni di traffico	TRAFFIC *(information)*	TRAFFICO *(informazioni)*
	NO REPORTED TRAFFIC	NESSUN TRAFFICO RIPORTATO
.....per accusare il ricevuto delle informazioni di traffico	LOOKING OUT	GUARDIAMO FUORI
	TRAFFIC IN SIGHT	TRAFFICO IN VISTA
	NEGATIVE CONTACT [*reasons*]	CONTATTO NEGATIVO [*motivi*]
	[ADDITIONAL] TRAFFIC *(direction)* BOUND *(type of aircraft) (level)* ESTIMATED (*or* OVER) *(significant point)* AT *(time)*	TRAFFICO [ADDIZIONALE] VERSO *(direzione) (tipo di aeromobile)(livello)* STIMATO (*o* SU) *(punto significativo)* AI *(orario)*
	TRAFFIC IS *(classification)* UNMANNED FREE BALLOON(S) WAS [*or* ESTIMATED] OVER *(place)* AT *(time)* REPORTED *(level/s)* [*or* LEVEL UNKNOWN] MOVING *(direction) (other pertinent information, if any)*	TRAFFICO È PALLONE(I) LIBERO(I) NON PILOTATO(I) *(classificazione)*, ERA [*o* STIMATO] SU *(località)* AI *(orario)* RIPORTATO(I) *(livello/i)* [*o* LIVELLO SCONOSCIUTO] IN MOVIMENTO VERSO *(direzione) (altre eventuali informazioni pertinenti)*

• CONDIZIONI METEOROLOGICHE

vento	[SURFACE] WIND *(number)* DEGREES *(speed) (unit)* [GUSTING BETWEEN *(speed) (unit)* AND *(speed) (unit)*]	VENTO [AL SUOLO] *(numero)* GRADI *(intensità)(unità di misura)* [RAFFICHE TRA *(intensità) (unità di misura)* E *(intensità) (unità di misura)*]
	[SURFACE] WIND VARIABLE BETWEEN *(number)* AND *(number)* DEGREES *(speed) (unit)* [GUSTING BETWEEN *(speed) (unit)* AND *(speed) (unit)*]	VENTO [AL SUOLO] VARIABILE TRA *(numero)* E *(numero)* GRADI *(intensità)(unità di misura)* [RAFFICHE TRA *(intensità) (unità di misura)* E *(intensità) (unità di misura)*]
	[SURFACE] WIND *(number)* DEGREES *(speed) (unit)* VARYING BETWEEN *(number)* AND *(number)* DEGREES [GUSTING BETWEEN *(speed) (unit)* AND *(speed) (unit)*]	VENTO [AL SUOLO] *(numero)* GRADI *(intensità)(unità di misura)* VARIABILE TRA *(numero)* E *(numero)* GRADI [RAFFICHE TRA *(intensità) (unità di misura)* E *(intensità) (unità di misura)*]
	WIND AT *(level)* *(number)* DEGREES *(number)* KNOTS	VENTO A *(livello)* *(numero)* GRADI *(numero)* NODI
visibilità	VISIBILITY *(distance)* KILOMETRES (*o* METRES) [*direction*]	VISIBILITÀ *(distanza)* CHILOMETRI (*o* METRI) [*direzione*]
RVR	RUNWAY VISUAL RANGE (*or* RVR) [RUNWAY *(number)*] *(distance)* METRES	PORTATA VISUALE DI PISTA (*o* RVR) [PISTA *(numero)*] *(distanza)* METRI
	RUNWAY VISUAL RANGE (*or* RVR) [RUNWAY *(number)*] NOT AVAILABLE (*or* NOT REPORTED*)*	PORTATA VISUALE DI PISTA (*o* RVR) [PISTA *(numero)*] NON DISPONIBILE (*o* NON RIPORTATA*)*

	TOUCHDOWN *(distance)* METRES, MIDPOINT *(distance)* METRES, STOP END *(distance)* METRES	TOUCHDOWN *(distanza)* METRI, MIDPOINT *(distanza)* METRI, STOP END *(distanza)* METRI
... per rilevamenti multipli della RVR	RUNWAY VISUAL RANGE *(or RVR)* [RUNWAY *(number)*] *(first position) (distance) (units), (second position) (distance) (units), (third position) (distance) (units)*	PORTATA VISUALE DI PISTA *(o RVR)* [PISTA *(numero)*]*(prima posizione) (distanza) (unità di misura), (seconda posizione) (distanza) (unità di misura), (terza posizione) (distanza) (unità di misura)*
... nel caso in cui l''informazione RVR non sia disponibile su qualunque posizione, tale informazione sarà inclusa nell''appropriata sequenza	RUNWAY VISUAL RANGE *(or RVR)* [RUNWAY *(number)*] *(first position) (distance) (units), (second position)* NOT AVAILABLE, *(third position) (distance) (units)*	PORTATA VISUALE DI PISTA *(o RVR)* [PISTA *(numero)*]*(prima posizione) (distanza) (unità di misura),* *(seconda posizione)* NON DISPONIBILE, *(terza posizione) (distanza) (unità di misura)*
	PRESENT WEATHER *(details)*	TEMPO PRESENTE *(dettagli)*
	CLOUD *(amount,* [*(type)*] *and height of base)* FEET *(or SKY CLEAR)*	NUBI *(quantità,* [*(tipo)*] *e altezza della base)* PIEDI *(o CIELO SERENO)*
	CAVOK	CAVOK
temperature	TEMPERATURE [MINUS] *(number)* *(and/or* DEW POINT [MINUS] *(number)*	TEMPERATURA [MENO] *(numero) (e/o* PUNTO DI RUGIADA [MENO] *(numero)*
pressione	QNH *(or QFE)(number)* [*units*]	QNH *(o QFE) (numero)* [*unità di misura*]
	(aircraft type) REPORTED *(description)* ICING *(o* TURBULENCE) [IN CLOUD] *(area) (time)*	*(tipo di aeromobile)* HA RIPORTATO *(descrizione)* FORMAZIONE DI GHIACCIO *(o* TURBOLENZA) [IN NUBE] *(area) (orario)*

	REPORT FLIGHT CONDITIONS	RIPORTATE LE CONDIZIONI DI VOLO

• RIPORTI DI POSIZIONE

	NEXT REPORT AT *(significant point)*	PROSSIMO RIPORTO SU *(punto significativo)*
...per omettere i riporti di posizione fino ad una specifica posizione	OMIT POSITION REPORTS [UNTIL *(specify)*]	OMETTETE RIPORTI DI POSIZIONE [FINO A *(specificare)*]
	RESUME POSITION REPORTING	RIPRENDETE RIPORTI DI POSIZIONE

• RIPORTI ADDIZIONALI

	REPORT PASSING *(significant point)*	RIPORTATE PASSANDO *(punto significativo)*
... per richiedere un riporto ad una distanza o posizione specificata	REPORT *(distance)* MILES (GNSS *or* DME) FROM *(name of DME station) (or significant point)*	RIPORTATE *(distanza)* MIGLIA (GNSS *or* DME) DA *(nome della stazione DME) (o punto significativo)*
	(distance) MILES (GNSS *or* DME) FROM *(name of DME station) (or significant point)*	*(distanza)* MIGLIA (GNSS *o* DME) DA *(nome della stazione DME) (o punto significativo)*
	REPORT PASSING *(three digit)* RADIAL *(name of VOR)* VOR	RIPORTATE PASSANDO RADIALE *(tre cifre) (nominativo del VOR)* VOR
... per richiedere il riporto della posizione attuale	REPORT (GNSS or DME) DISTANCE FROM *(name of DME station) (or significant point)*	RIPORTATE DISTANZA (GNSS *o* DME) DA *(nome della stazione DME) (o punto significativo)*
	(distance) MILES (GNSS *or* DME) FROM *(name of DME station) (or significant point)*	*(distanza)* MIGLIA (GNSS *o* DME) DA *(nome della stazione DME) (o punto significativo)*

• *PIANO DI VOLO PRESENTATO IN VOLO (AFIL)*

...per aprire un piano di volo	*(aircraft call sign)* *(position)* REQUEST FILE [ABBREVIATED] FLIGHT PLAN	*(nominativo aeromobile)* *(posizione)* RICHIEDIAMO APERTURA PIANO DI VOLO [ABBREVIATO]
	READY TO COPY	PRONTI A COPIARE
...per chiudere il piano di volo	*(aircraft call sign)* *(position)* CLOSING [ABBREVIATED] FLIGHT PLAN	*(nominativo aeromobile)* *(posizione)* CHIUDIAMO PIANO DI VOLO [ABBREVIATO]
	[ABBREVIATED] FLIGHT PLAN CLOSED AT *(time)*	PIANO DI VOLO [ABBREVIATO] CHIUSO AI *(orario)*

FRASEOLOGIA DEL SERVIZIO DI CONTROLLO DI AEROPORTO

I movimenti dei veicoli sull'area di manovra sono considerati e gestiti a tutti gli effetti come aeromobili (ad esclusione dei trattori per il traino) e viene impiegata la stessa fraseologia utilizzata per i movimenti al suolo degli aeromobili, ad eccezione delle istruzioni di rullaggio, dove la parola "TAXI/RULLATE" è sostituita dalla parola "PROCEED/PROCEDETE". L'ingresso in pista dei mezzi è consentito utilizzando l'espressione "Autorizzato all'ingresso in pista"

Gli aeromobili aventi categoria di turbolenza di scia *heavy e super*, dovranno utilizzare la parola "HEAVY/PESANTE" o "SUPER/SUPER" nella chiamata iniziale con la TWR.

- ## *INFORMAZIONI DI AEROPORTO*

	[(location)] RUNWAY SURFACE CONDITION RUNWAY (number) (condition)	[(ubicazione)] CONDIZIONI SUPERFICIE PISTA (numero) (condizioni)
	[(location)] RUNWAY SURFACE CONDITION RUNWAY (number) NOT CURRENT	[(ubicazione)] CONDIZIONI SUPERFICIE PISTA (numero) NON AGGIORNATE
	LANDING SURFACE (condition	SUPERFICIE DI ATTERRAGGIO (condizioni)
lavori	CAUTION CONSTRUCTION WORK (location)	ATTENZIONE LAVORI DI COSTRUZIONE (ubicazione)
	CAUTION (specify reasons) RIGHT (or LEFT), (or BOTH SIDES) OF RUNWAY (number)	ATTENZIONE (specificare i motivi) A DESTRA (o SINISTRA), (o SU ENTRAMBI I LATI) DELLA PISTA (numero)
	CAUTION WORK IN PROGRESS (or OBSTRUCTION) (position and any necessary advice)	ATTENZIONE LAVORI IN CORSO (o OSTRUZIONE) (posizione ed ogni consiglio utile)

Riporti in pista	RUNWAY REPORT AT (observation time) RUNWAY (number) (type of precipitant) UP TO (depth of deposit) MILLIMETRES. ESTIMATED SURFACE FRICTION GOOD (or MEDIUM TO GOOD, or MEDIUM, or MEDIUM TO POOR, or POOR)	RIPORTO DI PISTA DELLE (orario di osservazione) PISTA (numero) (tipo di precipitazione) FINO A (spessore del deposito) MILLIMETRI. ADERENZA STIMATA DELLA SUPERFICIE BUONA (o DA MEDIA A BUONA, o MEDIA, o DA MEDIA A SCARSA, o SCARSA)
Azione frenante	BRAKING ACTION REPORTED BY (aircraft type) AT (time) GOOD (or MEDIUM TO GOOD, or MEDIUM, or MEDIUM TO POOR, or POOR)	AZIONE FRENANTE RIPORTATA DA (tipo di aeromobile) AI (orario) BUONA (o DA MEDIA A BUONA, o MEDIA, o DA MEDIA A SCARSA, o SCARSA)
Contaminazioni pista	RUNWAY (or TAXIWAY) (number) WET [or STANDING WATER, or SNOW REMOVED (length and width as applicable), or TREATED, or COVERED WITH PATCHES OF DRY SNOW (or WET SNOW, or COMPACTED SNOW, or SLUSH, or FROZEN SLUSH, or ICE, or WET ICE, or ICE UNDERNEATH, or ICE AND SNOW, or SNOW DRIFTS, or FROZEN RUTS AND RIDGES)]	PISTA (o VIA DI RULLAGGIO) (numero) BAGNATA [o ACQUA STAGNANTE, o NEVE RIMOSSA (lunghezza e larghezza come applicabile), o TRATTATA, o COPERTA CON CHIAZZE DI NEVE SECCA (o NEVE BAGNATA, o NEVE COMPATTA, o NEVE MISTA AD ACQUA, o NEVE MISTA AD ACQUA GHIACCIATA, o GHIACCIO, o GHIAGGIO BAGNATO, o GHIACCIO SOTTOSTANTE, o GHIACCIO E NEVE, o CUMULI DI NEVE, o SOLCHI E CRESTE GHIACCIATE)]

osservazioni	TOWER OBSERVES (weather information)	LA TORRE OSSERVA (informazioni meteo)
riporti	PILOT REPORTS (weather information)	UN PILOTA RIPORTA (informazioni meteo)

- ## *STATO OPERATIVO DEGLI AIUTI VISIVI E NON VISIVI*

	(specify visual or non-visual aid) RUNWAY *(number) (description of deficiency)*	*(specificare aiuto visivo o non visivo)* PISTA *(numero) (descrizione dell'avaria)*
	(type) LIGHTING *(unserviceability)*	SISTEMA LUMINOSO *(tipo) (inefficienza)*
	GBAS/SBAS/MLS/ILS CATEGORY *(category) (serviceability state)*	GBAS/SBAS/MLS/ILS CATEGORIA *(categoria) (stato di efficienza)*
	TAXIWAY LIGHTING *(description of deficiency)*	LUCI VIE DI RULLAGGIO *(descrizione dell'avaria)*
	type of visual approach slope indicator) RUNWAY *(number) (description of deficiency)*	*(tipo di indicatore ottico di planata)* PISTA *(numero) (descrizione dell'avaria)*

- ## *SERVIZI DI EMERGENZA AEROPORTUALE*

…per comunicare il livello di protezione antincendio aeroportuale	MESSAGE FROM *(airport operator),* RESCUE AND FIRE FACILITIES REDUCED TO CATEGORY *(number)*	MESSAGGIO DA *(operatore aeroportuale),* LIVELLO ANTINCENDIO RIDOTTO A CATEGORIA *(numero)*
…per comunicare che non è presente alcun servizio antincendio	MESSAGE FROM *(airport operator),* NO RESCUE AND FIRE FACILITIES AVAILABLE	MESSAGGIO DA *(operatore aeroportuale),* NESSUN LIVELLO ANTINCENDIO DISPONIBILE

- ## *IDENTIFICAZIONE DEGLI AEROMOBILI*

	SHOW LANDING LIGHTS	ACCENDETE LE LUCI DI ATTERRAGGIO

- ## **ACCUSA DI RICEVUTO CON MEZZI VISIBILI**

	ACKNOWLEDGE BY MOVING AILERONS *(or RUDDER)*	ACCUSATE IL RICEVUTO MUOVENDO GLI ALETTONI *(o IL TIMONE)*
	ACKNOWLEDGE BY ROCKING WINGS	ACCUSATE IL RICEVUTO OSCILLANDO LE ALI
	ACKNOWLEDGE BY FLASHING LANDING LIGHTS	ACCUSATE IL RICEVUTO LAMPEGGIANDO LE LUCI DI ATTERRAGGIO

- ## *PROCEDURE PER LA MESSA IN MOTO*

…per richiedere la messa in moto	*[aircraft location]* REQUEST START UP	*[posizione aeromobile]* RICHIEDIAMO MESSA IN MOTO
	[aircraft location] REQUEST START UP, INFORMATION *(ATIS identification)*	*[posizione aeromobile]* RICHIEDIAMO MESSA IN MOTO, INFORMAZIONI *(identificazione emissione ATIS)*
…risposte dell''ATC	START UP APPROVED	MESSA IN MOTO APPROVATA
	START UP AT *(time)*	MESSA IN MOTO AI *(orario)*
	EXPECT START UP AT *(time)*	ASPETTATEVI LA MESSA IN MOTO AI *(orario)*
	START UP AT OWN DISCRETION	MESSA IN MOTO A DISCREZIONE

	EXPECT DEPARTURE *(time)* START UP AT OWN DISCRETION	ASPETTATEVI LA PARTENZA AI *(orario)* MESSA IN MOTO A DISCREZIONE

• *PROCEDURE ATFCM*

… per comunicare il CTOT (calculated take-off time) a seguito di un SAM (slot allocation message)	SLOT *(time)* *Il CTOT è comunicato al primo contatto con l'ATC.*	SLOT *(orario)*
… per comunicare una revisione al CTOT a seguito di un SRM (slot revision message)	REVISED SLOT *(time)*	SLOT REVISIONATO *(orario)*
…per comunicare la cancellazione del CTOT a seguito di un SLC (slot cancellation message)	SLOT CANCELLED, REPORT READY	SLOT CANCELLATO, RIPORTATE PRONTI
…per comunicare la sospensione del volo fino a nuovo avviso a seguito di un FLS (flight suspension message)	FLIGHT SUSPENDED UNTIL FURTHER NOTICE, DUE *(reason)*	VOLO SOSPESO FINO AD ULTERIORE AVVISO, CAUSA *(motivo)*
…per comunicare la cancellazione della sospensione del volo a seguito di un DES (de-suspension message)	SUSPENSION CANCELLED, REPORT READY	SOSPENSIONE CANCELLATA, RIPORTATE PRONTI
…per comunicare la non approvazione della messa in moto quando richiesta troppo in ritardo per rispettare il CTOT comunicato	UNABLE TO APPROVE START-UP CLEARANCE DUE SLOT EXPIRED, REQUEST A NEW SLOT	IMPOSSIBILITATI APPROVARE LA MESSA IN MOTO CAUSA SLOT SCADUTO, RICHIEDETE UN NUOVO SLOT
…per comunicare la non approvazione della messa in moto quando richiesta troppo in anticipo per rispettare il CTOT comunicato	UNABLE TO APPROVE START-UP CLEARANCE DUE SLOT *(time)*, REQUEST START-UP AT *(time)*	IMPOSSIBILITATI APPROVARE LA MESSA IN MOTO CAUSA SLOT *(orario)*, RICHIEDETE MESSA IN MOTO AI *(orario)*

• *PROCURE PER IL PUSH-BACK*

…aeromobile/ATC	[*aircraft location*] REQUEST PUSHBACK	[*posizione aeromobile*] RICHIEDIAMO PUSH BACK
	PUSHBACK APPROVED	PUSH BACK APPROVATO
	STAND BY	STAND BY
	PUSHBACK AT OWN DISCRETION	PUSH BACK A DISCREZIONE
	EXPECT *(number)* MINUTES DELAY DUE *(reason)*	ASPETTATEVI *(numero)* MINUTI DI RITARDO CAUSA *(motivo)*

• *PROCEDURE PER IL TRAINO*

	REQUEST TOW [*company name*] *(aircraft type)* FROM *(location)* TO *(location)*	RICHIEDIAMO TRAINO [*nominativo compagnia*] *(tipo aeromobile)* DA *(posizione)* A *(posizione)*
…risposta dell"ATC	TOW APPROVED VIA *(specific routing to be followed)*	TRAINO APPROVATO VIA *(specifico percorso da seguire)*
	HOLD POSITION	MANTENETE POSIZIONE
	STAND BY	STAND BY

• *PER RICHIEDERE LO STOP ORARIO E/O I DATI DI AEROPORTO PER LA PARTENZA*

	REQUEST TIME CHECK	RICHIEDIAMO STOP ORARIO
	TIME *(time)*	ORARIO *(orario)*
… quando non è disponibile la diffusione ATIS	REQUEST DEPARTURE INFORMATION	RICHIEDIAMO INFORMAZIONI DI PARTENZA

	RUNWAY (number), WIND (direction) DEGREES (speed) KNOTS, QNH (or QFE) (number) [units] TEMPERATURE [MINUS] (number), [VISIBILITY (distance) (units) (or RUNWAY VISUAL RANGE (or RVR) (distance) (units)] [TIME (time)]	PISTA (numero), VENTO (direzione) GRADI (intensità) NODI, QNH (o QFE) (numero) [unità di misura], TEMPERATURA [MENO] (numero), [VISIBILITÀ (distanza) (unità di misura) (o PORTATA VISUALE DI PISTA (o RVR) (distanza) (unità di misura)] [ORARIO (orario)]

• *PROCEDURE PER IL RULLAGGIO*

...per la partenza	[aircraft type] [wake turbulence category if —heavy‖] [aircraft location] REQUEST TAXI [intentions]	[tipo aeromobile] [categoria di turbolenza di scia se —heavy‖] [posizione aeromobile] RICHIEDIAMO RULLAGGIO [intenzioni]
	[aircraft type] [wake turbulence category if —heavy"] [aircraft location] (flight rules) TO (aerodrome of destination) REQUEST TAXI [intentions]	[tipo aeromobile] [categoria di turbolenza di scia se —heavy‖] [posizione aeromobile] (regole di volo) PER (aeroporto di destinazione) RICHIEDIAMO RULLAGGIO [intenzioni]
	TAXI TO HOLDING POINT [number] [RUNWAY (number)] [HOLD SHORT OF RUNWAY (number) (or CROSS RUNWAY (number)] [TIME (time)]	RULLATE AL PUNTO ATTESA [numero] [PISTA (numero)] [ATTENDETE IN PROSSIMITÀ DELLA PISTA (numero) (oppure ATTRAVERSATE LA PISTA (numero)] [ORARIO (orario)

...quando sono richieste istruzioni dettagliate di rullaggio	[*aircraft type*] [*wake turbulence category if —heavy"*] REQUEST DETAILED TAXI INSTRUCTIONS	[*tipo aeromobile*] [*categoria di turbolenza di scia se —heavy*]] RICHIEDIAMO ISTRUZIONI DETTAGLIATE DI RULLAGGIO
	TAXI TO HOLDING POINT [*number*] [RUNWAY *(number)*] VIA *(specific route to be followed)* [TIME *(time)*] [HOLD SHORT OF RUNWAY *(number)* (*or* CROSS RUNWAY *(number)*]	RULLATE AL PUNTO ATTESA [*(numero)*] [PISTA *(numero)*] VIA *(percorso specifico da seguire)* [ORARIO *(orario)*] [ATTENDETE IN PROSSIMITÀ DELLA PISTA *(numero)* (*oppure* ATTRAVERSATE LA PISTA *(numero)*]
...quando le informazioni di aeroporto non sono disponibili da fonti alternative quali l'"ATIS	TAXI TO HOLDING POINT [*number*] *(followed by aerodrome information as applicable)* [TIME *(time)*]	RULLATE AL PUNTO ATTESA [*(numero)*] *(seguito dalle informazioni di aeroporto)* [ORARIO *(orario)*]
	TAKE (*or* TURN) FIRST (*or* SECOND) LEFT (*or* RIGHT)	PRENDETE LA (*o* GIRATE ALLA) PRIMA (*o* SECONDA) A SINISTRA (*o* DESTRA)
	TAXI VIA *(identification of taxiway)*	RULLATE VIA *(identificazione della via di rullaggio)*
	TAXI VIA RUNWAY *(number)*	RULLATE VIA PISTA *(numero)*
	TAXI TO TERMINAL (*or other location, e.g.* GENERAL AVIATION AREA) [STAND *(number)*]	RULLATE AL TERMINAL (*o altra posizione ad es.* AREA AVIAZIONE GENERALE) [STAND *(numero)*]

…per le operazioni degli elicotteri	REQUEST AIR-TAXIING FROM (*or* VIA) TO (*location or routing as appropriate*)	RICHIEDIAMO RULLAGGIO IN ARIA DA (*o* VIA) A (*posizione o percorso, come appropriato*)
	AIR-TAXI TO (*or* VIA) (*location or routing as appropriate*) [CAUTION (*dust, blowing snow, loose debris, taxiing light aircraft, personnel, etc.*)]	RULLATE IN ARIA (*o* VIA) (*posizione o percorso, come appropriato*) [ATTENZIONE (*polvere, neve sollevata, detriti, aeromobili leggeri in rullaggio, personale, ecc.*)]
	AIR TAXI VIA (*direct, as requested, or specified route*) TO (*location, heliport, operating or movement area, active or inactive runway*) AVOID (*aircraft or vehicles or personnel*)	RULLATE IN ARIA VIA (*diretto, come richiesto, o percorso specifico*) A (*posizione, eliporto, area di movimento o di operazioni, pista attiva o inattiva*) EVITATE (*aeromobili o veicoli o personale*)
…dopo l'atterraggio	REQUEST BACKTRACK	RICHIEDIAMO BACKTRACK
	BACKTRACK APPROVED	BACKTRACK APPROVATO
	BACKTRACK RUNWAY (*number*)	BACKTRACK PISTA (*numero*)
…richiesta di rullaggio generica	[(*aircraft location*)] REQUEST TAXI TO (*destination on aerodrome*)	[(*posizione aeromobile*)] RICHIEDIAMO RULLAGGIO FINO A (*destinazione sull'aeroporto*)
	TAXI STRAIGHT AHEAD	RULLATE DIRITTO
	TAXI WITH CAUTION	RULLATE CON PRECAUZIONE
	GIVE WAY TO (*description and position of other aircraft*)	DATE PRECEDENZA A (*descrizione e posizione di altro traffico*)

	GIVING WAY TO *(traffic)*	DIAMO PRECEDENZA A *(traffico)*
	TRAFFIC *(or type of aircraft)* IN SIGHT	TRAFFICO *(o tipo aeromobile)* IN VISTA
	TAXI INTO HOLDING BAY	RULLATE ALLA PIAZZOLA DI ATTESA
	FOLLOW *(description of other aircraft or vehicle)*	SEGUITE *(descrizione di altro traffico o veicolo)*
	VACATE RUNWAY	LIBERATE LA PISTA
	RUNWAY VACATED	PISTA LIBERA
	EXPEDITE TAXI [*(reasons)*]	AFFRETTATE IL RULLAGGIO [*(motivi)*]
	EXPEDITING	AFFRETTIAMO
	[CAUTION] TAXI SLOWER [*reasons*]	[ATTENZIONE] RULLATE PIÙ LENTAMENTE [*motivi*]
	SLOWING DOWN	RALLENTIAMO

- *ATTESA*

	HOLD *(direction)* OF *(position, runway number, etc.)*	MANTENETE *(direzione)* DELLA *(posizione, numero pista ecc.)*
	HOLD POSITION	MANTENETE POSIZIONE
	HOLD *(distance)* FROM *(position)*	MANTENETE *(distanza)* DA *(posizione)*
...per attendere ad una distanza dalla pista non inferiore a quella specificata nel Doc. 4444, Cap. 7, para. 7.6.3.1.3.1	HOLD SHORT OF *(position)*	ATTENDETE IN PROSSIMITÀ DI *(posizione)*
	HOLDING	MANTENIAMO
	HOLDING SHORT	ATTENDIAMO IN PROSSIMITÀ

Il pilota ha sempre obbligo di Read-back delle istruzioni impartite di cui sopra. Non sono ammesse risposte tipo "Roger", "Copy", "Wilco".

• ATTRAVERSAMENTO DELLA PISTA

	REQUEST CROSS RUNWAY (number)	RICHIEDIAMO ATTRAVERSAMENTO PISTA (numero)
X	CROSS RUNWAY (number) [REPORT VACATED]	ATTRAVERSATE LA PISTA (numero) [RIPORTATE PISTA LIBERA]
	EXPEDITE CROSSING RUNWAY (number) TRAFFIC (aircraft type) (distance) MILES FINAL	AFFRETTATE ATTRAVERSAMENTO PISTA (numero) TRAFFICO (tipo aeromobile) (distanza) MIGLIA IN FINALE
	TAXI TO HOLDING POINT [number] [RUNWAY (number)] VIA (specific route to be followed), [HOLD SHORT OF RUNWAY (number)] or [CROSS RUNWAY (number)]	RULLATE AL PUNTO ATTESA [numero] [PISTA (numero)] VIA (percorso specifico da seguire), [ATTENDETE IN PROSSIMITÀ DELLA PISTA (numero)] o [ATTRAVERSATE LA PISTA (numero)]
XY	RUNWAY VACATED	PISTA LIBERA

X - Se la Torre di controllo, non vede l'aeromobile, le istruzioni saranno accompagnate da una richiesta.

XY – La condizione di PISTA LIBERA/RUNWAY VACATED va riportata solo dopo che l'intero aeromobile ha oltrepassato la relativa posizione di attesa.

• PREPARAZIONE PER IL DECOLLO

	UNABLE TO ISSUE (designator) DEPARTURE (reasons)	IMPOSSIBILE ASSEGNARE PARTENZA (designatore) (motivi)
	REPORT WHEN READY [FOR DEPARTURE]	RIPORTATE QUANDO PRONTI [ALLA PARTENZA]
	ARE YOU READY [FOR DEPARTURE]?	SIETE PRONTI [ALLA PARTENZA]?

	ARE YOU READY FOR IMMEDIATE DEPARTURE?	SIETE PRONTI ALLA PARTENZA IMMEDIATA?
	READY	PRONTI
...in caso di impossibilità ad emanare l''autorizzazione ad entrare in pista o al decollo (se già allineato)	NEGATIVE, STANDBY [*reasons*]	NEGATIVO, STANDBY [*motivi*]
...autorizzazione ad entrare in pista e attendere l''autorizzazione al decollo	LINE UP [AND WAIT]	ALLINEATEVI [E ATTENDETE]
	LINE UP RUNWAY *(number)*	ALLINEATEVI PISTA *(numero)*
	LINE UP, BE READY FOR IMMEDIATE DEPARTURE	ALLINEATEVI, TENETEVI PRONTI ALLA PARTENZA IMMEDIATA
...autorizzazioni condizionali (*conditional clearances*)	BEHIND *(type of aircraft)* ON SHORT FINAL, LINE UP BEHIND	DIETRO *(tipo aeromobile)* IN CORTO FINALE, ALLINEATEVI DIETRO
	AFTER DEPARTING *(type of aircraft)*, LINE UP AFTER	DOPO *(tipo aeromobile)* IN PARTENZA, ALLINEATEVI DOPO
...per eseguire le istruzioni delle *conditional clearances*	BEHIND *(type of aircraft)* ON SHORT FINAL LINING UP BEHIND	DIETRO *(tipo aeromobile)* IN CORTO FINALE CI ALLINEIAMO DIETRO
	AFTER DEPARTING *(type of aircraft)* LINING UP AFTER	DOPO *(tipo aeromobile)* IN PARTENZA CI ALLINEIAMO DOPO
...conferma o errori riscontrati nella ripetizione delle *conditional clearances*	[THAT IS] CORRECT (*or* NEGATIVE) [I SAY AGAIN] (as appropriate)	[È] CORRETTO (*o* NEGATIVO) [RIPETO] (come appropriato)

• OPERAZIONI DI AEROPORTO

...richiesta del pilota di partire da una posizione di decollo intermedia	REQUEST DEPARTURE FROM RUNWAY (*number*) INTERSECTION (*designation or name of intersection*)	RICHIEDIAMO PARTENZA DA PISTA (*numero*) INTERSEZIONE (*denominazione o nome dell'intersezione*)
...per approvare la richiesta di partenza da una posizione di decollo intermedia	APPROVED, TAXI TO HOLDING POINT RUNWAY (*number*) INTERSECTION (*designation or name of intersection*)	APPROVATO, RULLATE AL PUNTO ATTESA PISTA (*numero*) INTERSEZIONE (*denominazione o nome dell'intersezione*)
...per negare la partenza da una posizione di decollo intermedia	NEGATIVE, TAXI TO HOLDING POINT (*number*) INTERSECTION (*designation or name of intersection*)	NEGATIVO, RULLATE AL PUNTO ATTESA PISTA (*numero*) INTERSEZIONE (*denominazione o nome dell'intersezione*)
...se l'"ATC propone la partenza da una posizione di decollo intermedia	ADVISE ABLE TO DEPART FROM RUNWAY (*number*) INTERSECTION (*designation or name of intersection*)	AVVISATE SE ABILI ALLA PARTENZA DA PISTA (*numero*) INTERSEZIONE (*denominazione o nome dell'intersezione*)
...per fornire informazioni sulla corsa di decollo disponibile (TORA) da una posizione di decollo intermedia	TORA RUNWAY (*number) FROM* INTERSECTION (*designation or name of intersection) (distance in metres)*	TORA PISTA (*numero*) INTERSEZIONE (*denominazione o nome dell'intersezione*) (*distanza in metri*)
... istruzioni multiple di allineamento	LINE UP AND WAIT RUNWAY (*number*) INTERSECTION (*name of intersection) (essential traffic information*)	ALLINEAMENTO E ATTESA PISTA (*numero*) INTERSEZIONE (*nome dell'intersezione*) (*informazioni di traffico essenziale*)
... richiesta del pilota di effettuare una partenza a vista	REQUEST VISUAL DEPARTURE [DIRECT] TO/UNTIL (*navaid, waypoint, altitude*)	RICHIEDIAMO PARTENZA A VISTA [DIRETTI] A/FINO A (*radioassistenza, waypoint/altitudine*)

...se l''ATS propone la partenza a vista	ADVISE ABLE TO ACCEPT VISUAL DEPARTURE [DIRECT] TO/ UNTIL *(navaid, waypoint/altitude)*	AVVISATE SE ABILI AD ACCETTARE PARTENZA A VISTA [DIRETTI] A/FINO A *(radioassistenza, waypoint/altitudine)*
...autorizzazione alla partenza a vista	VISUAL DEPARTURE RUNWAY *(number)* APPROVED, TURN LEFT *(or* RIGHT) [DIRECT] TO *(navaid, heading, waypoint)* [MAINTAIN VISUAL REFERENCE UNTIL *(altitude)*]	PARTENZA A VISTA PISTA *(numero)* APPROVATA, VIRATA A SINISTRA *(o* DESTRA) [DIRETTI] A *(radioassistenza, prua, waypoint)* [MANTENETE RIFERIMENTI VISIVI FINO A *(altitudine)*]
...*read-back* dell''autorizzazione alla partenza a vista	VISUAL DEPARTURE TO/UNTIL *(navaid, waypoint/altitude)*	PARTENZA A VISTA PISTA A/FINO *(radioassistenza, waypoint/altitudine)*

- ## *AUTORIZZAZIONE AL DECOLLO*

	RUNWAY *(number)* CLEARED FOR TAKE-OFF [REPORT AIRBORNE]	PISTA *(numero)* AUTORIZZATI AL DECOLLO [RIPORTATE IN VOLO]
...se l''ATC ritiene opportuno combinare l''autorizzazione all''allineamento e quella al decollo	RUNWAY *(number)* LINE UP AND CLEARED FOR TAKE-OFF	PISTA *(numero)* ALLINEATEVI E AUTORIZZATI AL DECOLLO
... quando si utilizzano separazioni ridotte in pista	*(traffic information)* RUNWAY *(number)* CLEARED FOR TAKE-OFF	*(informazioni di traffico)* PISTA *(numero)* AUTORIZZATI AL DECOLLO
... nel caso in cui l''aeromobile non sia decollato dopo essere stato autorizzato	TAKE OFF IMMEDIATELY OR VACATE RUNWAY [*(instructions)*]	DECOLLATE IMMEDIATAMENTE O LIBERATE LA PISTA [*(istruzioni)*]

	TAKE OFF IMMEDIATELY OR HOLD SHORT OF RUNWAY	DECOLLATE IMMEDIATAMENTE O ATTENDETE IN PROSSIMITÀ DELLA PISTA
...per cancellare un''autorizzazione al decollo	HOLD POSITION, CANCEL TAKE OFF, I SAY AGAIN, CANCEL TAKE OFF *(reasons)*	MANTENETE POSIZIONE, CANCELLATE IL DECOLLO, RIPETO, CANCELLATE IL DECOLLO *(motivi)*
	HOLDING	MANTENIAMO
... per interrompere un decollo dopo che l''aeromobile ha iniziato la corsa di decollo	STOP IMMEDIATELY [*(repeat aircraft call sign)* STOP IMMEDIATELY]	FERMATEVI IMMEDIATAMENTE [*(ripetere nominativo aeromobile)* FERMATEVI IMMEDIATAMENTE]
	STOPPING	CI FERMIAMO
...per le operazioni degli elicotteri	CLEARED FOR TAKE-OFF [FROM *(location)*] *(present position, taxiway, final approach and take-off area, runway and number)*	AUTORIZZATI AL DECOLLO [DA *(posizione)*] *(presente posizione, via di rullaggio, area di decollo e di avvicinamento finale, pista e numero)*
	REQUEST DEPARTURE INSTRUCTIONS	RICHIEDIAMO ISTRUZIONI PER LA PARTENZA
	AFTER DEPARTURE TURN RIGHT (*or* LEFT, *or* CLIMB) *(instructions as appropriate)*	DOPO LA PARTENZA VIRATE A DESTRA (*o* SINISTRA, *o* SALITE) *(istruzioni come appropriato)*

- ### *ISTRUZIONI DI VIRATA O SALITA DOPO IL DECOLLO*

	REQUEST RIGHT (*or* LEFT) TURN	RICHIEDIAMO VIRATA A DESTRA (*o* SINISTRA)
	RIGHT (*or* LEFT) TURN APPROVED	VIRATA A DESTRA (*o* SINISTRA) APPROVATA

	WILL ADVISE LATER FOR RIGHT (*or* LEFT) TURN	RICHIAMEREMO PER LA VIRATA A DESTRA (*o* SINISTRA)
Operazioni LVP	REPORT AIRBORNE	RIPORTATE IN VOLO
	AFTER PASSING *(level) (instructions)*	DOPO AVER ATTRAVERSATO *(livello) (istruzioni)*
... prua da seguire	CONTINUE RUNWAY HEADING *(instructions)*	CONTINUATE PRUA PISTA *(istruzioni)*
... per far seguire una specifica rotta	TRACK EXTENDED CENTRE LINE *(instructions)*	SEGUITE IL PROLUNGAMENTO ASSE PISTA *(istruzioni)*
	CLIMB STRAIGHT AHEAD *(instructions)*	SALITE DIRITTO *(istruzioni)*

• *INGRESSO NEL CIRCUITO DI TRAFFICO DI AEROPORTO*

	[aircraft type] (position) (level) FOR LANDING	*[tipo aeromobile] (posizione) (livello)* PER ATTERRAGGIO
	JOIN [*(direction of circuit)*] *(position in circuit) (runway number)* [SURFACE] WIND *(direction and speed) (units)* [TEMPERATURE [MINUS] *(number)*] QNH (*or* QFE) *(number)* [HECTOPASCALS (*o* POLLICI)] [TRAFFIC *(detail)*]	INSERITEVI IN *(posizione in circuito)* [*(direzione del circuito)*] *(numero pista)* VENTO [AL SUOLO] (*direzione e intensità) (unità di misura)* [TEMPERATURA [MENO] *(numero)*] QNH (*o* QFE) *(numero)* [HECTOPASCALS (*o* POLLICI)] [TRAFFICO *(dettaglio)*]
Avvicinamento diretto	MAKE STRAIGHT-IN APPROACH, RUNWAY *(number)* [SURFACE] WIND *(direction and speed) (units)* [TEMPERATURE [MINUS] *(number)*] QNH (*or* QFE) *(number)*	EFFETTUATE AVVICINAMENTO DIRETTO PISTA *(numero)* VENTO [AL SUOLO] *(direzione e intensità) (unità di misura)* [TEMPERATURA [MENO] *(numero)*]

	[HECTOPASCALS (*o* POLLICI)] [TRAFFIC *(detail)*]	QNH (*o* QFE)*(numero)* [HECTOPASCALS (*o* POLLICI)] [TRAFFICO *(dettaglio)*]
...quando sono disponibili le informazioni ATIS	*(aircraft type) (position) (level)* INFORMATION *(ATIS identification)* FOR LANDING	*(tipo aeromobile) (posizione) (livello)* INFORMAZIONI *(identificazione emissione ATIS)* PER ATTERRAGGIO
	JOIN *(position in circuit)* [RUNWAY *(number)*] QNH (*or* QFE) *(number)* [HECTOPASCALS (*o* POLLICI)] [TRAFFIC *(detail)*]	INSERITEVI IN *(posizione in circuito)* [PISTA *(numero)*] QNH (*o* QFE) *(numero)* [HECTOPASCALS (*o* POLLICI)] [TRAFFICO *(dettaglio)*]

- ## *NEL CIRCUITO di TRAFFICO*

	(position in circuit, e.g. DOWNWIND, FINAL)	*(posizione in circuito, ad es.* SOTTOVENTO, FINALE)
	NUMBER *(number)* FOLLOW *(aircraft type and position)* [*additional instructions if required*]	NUMERO *(numero)* SEGUITE *(tipo aeromobile e posizione)* [*istruzioni aggiuntive se previsto*]

- ## *ISTRUZIONI PER L'AVVICINAMENTO*

	MAKE SHORT APPROACH	EFFETTUATE UN AVVICINAMENTO CORTO
	MAKE LONG APPROACH (*or* EXTEND DOWNWIND)	EFFETTUATE UN AVVICINAMENTO LUNGO (*o* ESTENDETE IL SOTTOVENTO)
	REPORT BASE (*or* FINAL, *or* LONG FINAL)	RIPORTATE IN BASE (*o* IN FINALE, *o* IN LUNGO FINALE)

	CONTINUE APPROACH [PREPARE FOR POSSIBLE GO AROUND]	CONTINUATE L'"AVVICINAMENTO [PREPARATEVI PER UNA POSSIBILE RIATTACCATA]

Il riporto —LUNGO FINALE/LONG FINAL è effettuato quando l'aeromobile vira per l'avvicinamento finale ad una distanza superiore a 4NM dal punto di contatto o quando un aeromobile in avvicinamento diretto si trova ad una distanza di 8NM dal punto di contatto.

- ## *AUTORIZZAZIONE ALL'ATTERRAGGIO*

	RUNWAY *(number)* CLEARED TO LAND	PISTA *(numero)* AUTORIZZATI ALL'"ATTERRAGGIO
...quando si utilizzano separazioni ridotte in pista	*(traffic information)* RUNWAY *(number)* CLEARED TO LAND	*(informazioni di traffico)* PISTA *(numero)* AUTORIZZATI ALL'"ATTERRAGGIO
...operazioni particolari	CLEARED TOUCH AND GO	AUTORIZZATI AL TOUCH AND GO
	MAKE FULL STOP	EFFETTUATE FINITO
...per effettuare un avvicinamento lungo o	REQUEST LOW APPROACH *(reasons)*	RICHIEDIAMO BASSO AVVICINAMENTO *(motivi)*
parallelo ad una pista, scendendo ad un livello minimo concordato	CLEARED LOW APPROACH [RUNWAY *(number)*] [*(altitude restriction if required) (go around instructions)*]	AUTORIZZATI AL BASSO AVVICINAMENTO [PISTA *(numero)*] [*(restrizioni di quota se previsto) (istruzioni di riattaccata)*]
...per volare davanti alla torre di controllo o altro punto di osservazione per un"ispezione visiva dell'"aeromobile da parte del personale a terra	REQUEST LOW PASS *(reasons)*	RICHIEDIAMO BASSO PASSAGGIO *(motivi)*

Basso passaggio	CLEARED LOW PASS [RUNWAY (number)] [(altitude restriction if required) (go around instructions)]	AUTORIZZATI AL BASSO PASSAGGIO [PISTA (numero)] [(restrizioni di quota se previsto) (istruzioni di riattaccata)]
...per le operazioni degli elicotteri	REQUEST STRAIGHT-IN (or CIRCLING APPROACH), LEFT (or RIGHT) TURN TO (location)	RICHIEDIAMO AVVICINAMENTO DIRETTO (o CON CIRCUITAZIONE), VIRATA A SINISTRA (o DESTRA) PER (località)
	MAKE STRAIGHT-IN (or CIRCLING APPROACH, LEFT (or RIGHT) TURN TO (location, runway, taxiway, final approach and take-off area) [ARRIVAL (or ARRIVAL ROUTE) (number, name, or code)]. [HOLD SHORT OF (active runway, extended runway centre line, other)]. [REMAIN (direction or distance) FROM (runway, runway centre line, other helicopter or aircraft)]. [CAUTION (power lines, unlighted obstructions, wake turbulence, etc.)]. CLEARED TO LAND	EFFETTUATE AVVICINAMENTO DIRETTO (o CON CIRCUITAZIONE, VIRATA A SINISTRA (o DESTRA) PER (località, pista, via di rullaggio, area di decollo e di avvicinamento finale) [ARRIVO (o ROTTA DI ARRIVO) (numero, nome, o codice)]. [ATTENDETE IN PROSSIMITÀ DI (pista attiva, prolungamento asse pista, altro)]. [RESTATE A (direzione o distanza) DA (pista, asse pista, altro elicottero o velivolo)]. [ATTENZIONE (linee elettriche, ostacoli non illuminati, turbolenza di scia, ecc.)]. AUTORIZZATI ALL"ATTERRAGGIO

- ## *AZIONI DI RITARDO*

	CIRCLE THE AERODROME	CIRCUITATE SULL"AEROPORTO
	ORBIT (RIGHT, *or* LEFT) [FROM PRESENT POSITION]	ORBITATE (A DESTRA *o* A SINISTRA) [DALLA PRESENTE POSIZIONE]
	MAKE ANOTHER CIRCUIT	EFFETTUATE UN ALTRO CIRCUITO

- ## *MANCATO AVVICINAMENTO*

	GO AROUND	RIATTACCATE
	GOING AROUND	RIATTACCHIAMO

- ## *INFORMAZIONI AGLI AEROMOBILI*

...se il pilota ha richiesto l"ispezione visiva del carrello di atterraggio	LANDING GEAR APPEARS DOWN	IL CARRELLO APPARE GIU"
	RIGHT (*or* LEFT, *or* NOSE) WHEEL APPEARS UP (*or* DOWN)	LA RUOTA DESTRA (*o* SINISTRA, *o* ANTERIORE) APPARE SU" (*o* GIÙ)
	WHEELS APPEAR UP	LE RUOTE APPAIONO SU"
	RIGHT (*or* LEFT, *or* NOSE) WHEEL DOES NOT APPEAR UP (*or* DOWN)	LA RUOTA DESTRA (*o* SINISTRA, *o* ANTERIORE) NON APPARE SU" (*o* GIÙ)
...turbolenza di scia	CAUTION WAKE TURBULENCE [FROM ARRIVING (*or* DEPARTING) *(type of aircraft)*] [*additional information as required*]	ATTENZIONE TURBOLENZA DI SCIA [DA *(tipo aeromobile)* IN ARRIVO (*o* IN PARTENZA)] [*informazioni aggiuntive come previsto*]

...scarico dei reattori sul piazzale o sulle vie di rullaggio	CAUTION JET BLAST	ATTENZIONE JET BLAST
...flusso degli aeromobili ad elica	CAUTION SLIPSTREAM	ATTENZIONE FLUSSO ELICHE

- ## *LIBERANDO LA PISTA E COMUNICAZIONI DOPO L'ATTERRAGGIO*

	CONTACT GROUND *(frequency)*	CONTATTATE LA GROUND *(frequenza)*
	WHEN VACATED CONTACT GROUND *(frequency)*	QUANDO LIBERATO CONTATTATE LA GROUND *(frequenza)*
	EXPEDITE VACATING	AFFRETTATEVI A LIBERARE
	YOUR STAND (*or* GATE) *(designation)*	IL VOSTRO STAND (*o* GATE) *(denominazione)*
	TAKE (*or* TURN) FIRST (*or* SECOND, *or* CONVENIENT) LEFT (*or* RIGHT) AND CONTACT GROUND *(frequency)*	PRENDETE (*o* GIRATE) LA PRIMA (*o* SECONDA, *o* CONVENIENTE) A SINISTRA (*o* DESTRA) E CONTATTATE LA GROUND *(frequenza)*
...per le operazioni di elicotteri	AIR-TAXI TO HELICOPTER STAND *(or)* HELICOPTER PARKING POSITION *(area)*	RULLATE IN ARIA ALLA PIAZZOLA ELICOTTERI (*o*) POSIZIONE PARCHEGGIO ELICOTTERI *(area)*
	AIR-TAXI TO (*or* VIA) *(location or routing as appropriate)* [CAUTION *(dust, blowing snow, loose debris, taxiing light aircraft, personnel, etc.)*]	RULLATE IN ARIA (*o* VIA) *(posizione o percorso a seconda dei casi)* [ATTENZIONE *(polvere, neve sollevata, detriti, aeromobili leggeri in rullaggio, personale, ecc.)*]

	AIR-TAXI VIA *(direct, as requested, or specified route)* TO *(location, heliport, operating or movement area, active or inactive runway).* AVOID *(aircraft or vehicles or personnel)*	RULLATE IN ARIA *(diretti, come richiesto, o percorso specifico)* A *(posizione, eliporto, area di operazioni o di movimento, pista attiva o inattiva).* EVITATE *(aeromobili o veicoli o personale)*

FRASEOLOGIA DEL SERVIZIO INFORMAZIONI VOLO AEROPORTUALE

Il servizio informazioni volo aeroportuale, non si configura come ente ATC, pertanto le informazioni emesse con costituiranno mai autorizzazione.

• *INFORMAZIONI DI TRAFFICO*

...per fornire informazioni di traffico	TRAFFIC *(information)*	TRAFFICO *(informazioni)*
	NO REPORTED TRAFFIC	NESSUN TRAFFICO RIPORTATO
.....per accusare il ricevuto alle informazioni di traffico	LOOKING OUT	GUARDIAMO FUORI
	TRAFFIC IN SIGHT	TRAFFICO IN VISTA
	NEGATIVE CONTACT [*reasons*]	CONTATTO NEGATIVO [*motivi*]
	[ADDITIONAL] TRAFFIC *(direction)* BOUND *(type of aircraft) (level)* ESTIMATED *(or* OVER) *(significant point)* AT *(time)*	TRAFFICO [ADDIZIONALE] VERSO *(direzione) (tipo di aeromobile)(livello)* STIMATO *(o* SU) *(punto significativo)* AI *(orario)*
	TRAFFIC IS *(classification)* UNMANNED FREE BALLOON(S) WAS [*or* ESTIMATED] OVER *(place)* AT *(time)* REPORTED *(level(s))* [*or* LEVEL UNKNOWN] MOVING *(direction) (other pertinent information, if any)*	TRAFFICO È PALLONE(I) LIBERO(I) NON PILOTATO(I) *(classificazione)*, ERA [*o* STIMATO] SU *(località)* AI *(orario)* RIPORTATO(I) A *(livello(i))* [*o* LIVELLO SCONOSCIUTO] IN MOVIMENTO VERSO *(direzione) (altre eventuali informazioni pertinenti)*

- ## CONDIZIONI METEOROLOGICHE

	[SURFACE] WIND *(number)* DEGREES *(speed) (unit)*	VENTO [AL SUOLO] *(numero)* GRADI *(intensità)(unità di misura)*
	WIND AT *(level)* *(number)* DEGREES *(number)* KNOTS	VENTO A *(livello)* *(numero)* GRADI *(numero)* NODI
	VISIBILITY *(distance)* KILOMETRES (*o* METRES) [*direction*]	VISIBILITÀ *(distanza)* CHILOMETRI (*o* METRI) [*direzione*]
	RUNWAY VISUAL RANGE (*or* RVR) [RUNWAY *(number)*] *(distance)* METRES	PORTATA VISUALE DI PISTA (*o* RVR) [PISTA *(numero)*] *(distanza)* METRI
	RUNWAY VISUAL RANGE (*or* RVR) [RUNWAY *(number)*] NOT AVAILABLE (*or* NOT REPORTED)	PORTATA VISUALE DI PISTA (*o* RVR) [PISTA *(numero)*] NON DISPONIBILE (*o* NON RIPORTATA)
	TOUCHDOWN *(distance)* METRES, MIDPOINT *(distance)* METRES, STOP END *(distance)* METRES	TOUCHDOWN *(distanza)* METRI, MIDPOINT *(distanza)* METRI, STOP END *(distanza)* METRI
... per rilevamenti multipli della RVR	RUNWAY VISUAL RANGE (*or* RVR) [RUNWAY *(number)*] *(first position) (distance) (units), (second position) (distance) (units), (third position) distance) (units)*	PORTATA VISUALE DI PISTA (*o* RVR) [PISTA *(numero)*](*prima posizione) (distanza) (unità di misura), (seconda posizione) (distanza) (unità di misura), (terza posizione) (distanza) (unità di misura)*
... nel caso in cui l''informazione RVR non sia disponibile su qualunque posizione, tale informazione sarà inclusa nell''appropriata sequenza	RUNWAY VISUAL RANGE (*or* RVR) [RUNWAY *(number)*] *(first position) (distance) (units), (second position)* NOT AVAILABLE, *(third position) (distance) (units)*	PORTATA VISUALE DI PISTA (*o* RVR) [PISTA *(numero)*](*prima posizione) (distanza) (unità di misura),* *(seconda posizione)* NON DISPONIBILE, *(terza posizione) (distanza) (unità di misura)*

Tempo presente	PRESENT WEATHER *(details)*	TEMPO PRESENTE *(dettagli)*
	CLOUD *(amount, [(type)] and height of base)* FEET *(or* SKY CLEAR*)*	NUBI *(quantità, [(tipo)] e altezza della base)* PIEDI *(o* CIELO SERENO*)*
	CAVOK	CAVOK
	TEMPERATURE [MINUS] *(number) (and/or* DEW POINT [MINUS] *(number)*	TEMPERATURA [MENO] *(numero) (e/o* PUNTO DI RUGIADA [MENO] *(numero)*
	QNH *(or* QFE*)(number)* [*units*]	QNH *(o* QFE*) (numero)* [*unità di misura*]
	aircraft type) REPORTED *(description)* ICING *(o* TURBULENCE*)* [IN CLOUD] *(area) (time)*	*(tipo di aeromobile)* HA RIPORTATO *(descrizione)* FORMAZIONE DI GHIACCIO *(o* TURBOLENZA*)* [IN NUBE] *(area) (orario)*
	REPORT FLIGHT CONDITIONS	RIPORTATE LE CONDIZIONI DI VOLO

- **_RIPORTI ADDIZIONALI_**

	REPORT PASSING *(significant point)*	RIPORTATE PASSANDO *(punto significativo)*
... per richiedere un riporto a distanza o posizione specificata	REPORT *(distance)* MILES (GNSS *or* DME) FROM *(name of DME station) (or significant point)*	RIPORTATE *(distanza)* MIGLIA (GNSS *or* DME) DA *(nome della stazione DME) (o punto significativo)*
	(distance) MILES (GNSS *or* DME) FROM *(name of DME station) (or significant point)*	*(distanza)* MIGLIA (GNSS *o* DME) DA *(nome della stazione DME) (o punto significativo)*
	REPORT PASSING *(three digit)* RADIAL *(name of VOR)* VOR	RIPORTATE PASSANDO RADIALE *(tre cifre) (nominativo del VOR)* VOR

... per richiedere un riporto della posizione attuale	REPORT (GNSS or DME) DISTANCE FROM *(name of DME station) (or significant point)*	RIPORTATE DISTANZA (GNSS *o* DME) DA *(nome della stazione DME) (o punto significativo)*
	(distance) MILES (GNSS *or* DME) FROM *(name of DME station) (or significant point)*	*(distanza)* MIGLIA (GNSS *o* DME) DA *(nome della stazione DME) (o punto significativo)*

• *INFORMAZIONI DI AEROPORTO*

	[(location)] RUNWAY SURFACE CONDITION RUNWAY *(number) (condition)*	*[(ubicazione)]* CONDIZIONI SUPERFICIE PISTA *(numero) (condizioni)*
	[(location)] RUNWAY SURFACE CONDITION RUNWAY *(number)* NOT CURRENT	*[(ubicazione)]* CONDIZIONI SUPERFICIE PISTA *(numero)* NON AGGIORNATE
	LANDING SURFACE *(condition*	SUPERFICIE DI ATTERRAGGIO (condizioni)
	CAUTION CONSTRUCTION WORK *(location)*	ATTENZIONE PER LAVORI DI COSTRUZIONE *(ubicazione)*
	CAUTION *(specify reasons)* RIGHT *(or* LEFT), *(or* BOTH SIDES) OF RUNWAY *[number]*	ATTENZIONE *(ragione specifica)* A DESTRA *(o* SINISTRA), *(o* SU ENTRAMBI I LATI) DELLA PISTA *(numero)*
	CAUTION WORK IN PROGRESS *(or* OBSTRUCTION) *(position and any necessary advice)*	ATTENZIONE LAVORI IN CORSO (o OSTRUZIONE) *(posizione ed ogni consiglio utile)*

Riporti di pista	RUNWAY REPORT AT *(observation time)* RUNWAY *(number)* *(type of precipitant)* UP TO *(depth of deposit)* MILLIMETRES. ESTIMATED SURFACE FRICTION GOOD *(or* MEDIUM TO GOOD, *or* MEDIUM, *or* MEDIUM TO POOR, *or* POOR)	RIPORTO DI PISTA DELLE *(orario di osservazione)* PISTA *(numero)* *(tipo di precipitazione)* FINO A *(spessore del deposito)* MILLIMETRI. ADERENZA STIMATA DELLA SUPERFICIE BUONA *(o* DA MEDIA A BUONA, *o* MEDIA, *o* DA MEDIA A SCARSA, *o* SCARSA
Azione frenante	BRAKING ACTION REPORTED BY *(aircraft type)* AT *(time)* GOOD *(or* MEDIUM TO GOOD, *or* MEDIUM, *or* MEDIUM TO POOR, *or* POOR)	AZIONE FRENANTE RIPORTATA DA *(tipo di aeromobile)* AI *(orario)* BUONA *(o* DA MEDIA A BUONA, *o* MEDIA, *o* DA MEDIA A SCARSA, *o* SCARSA)
Contaminazioni di pista	RUNWAY *(or* TAXIWAY) *(number)* WET [*or* STANDING WATER, *or* SNOW REMOVED *(length and width as applicable), or* TREATED, *or* COVERED WITH PATCHES OF DRY SNOW *(or* WET SNOW, *or* COMPACTED SNOW, *or* SLUSH, *or* FROZEN SLUSH, *or* ICE, *or* WET ICE, *or* ICE UNDERNEATH, *or* ICE AND SNOW, *or* SNOW DRIFTS, *or* FROZEN RUTS AND RIDGES)]	PISTA (*o* VIA DI RULLAGGIO) *(numero)* BAGNATA [*o* ACQUA STAGNANTE, *o* NEVE RIMOSSA *(lunghezza e larghezza come applicabile), o* TRATTATA, *o* COPERTA CON CHIAZZE DI NEVE SECCA (*o* NEVE BAGNATA, *o* NEVE COMPATTA, *o* NEVE MISTA AD ACQUA, *o* NEVE MISTA AD ACQUA GHIACCIATA, *o* GHIACCIO, *o* GHIAGGIO BAGNATO, *o* GHIACCIO SOTTOSTANTE, *o* GHIACCIO E NEVE, *o* CUMULI DI NEVE, *o* SOLCHI E CRESTE GHIACCIATE)]
riporti	AFIU OBSERVES *(weather information)*	L'AFIU OSSERVA *(informazioni meteo)*

	PILOT REPORTS *(weather information)*	UN PILOTA RIPORTA *(informazioni meteo)*

• *STATO OPERATIVO DEGLI AIUTI VISIVI E NON VISIVI*

	(specify visual or non-visual aid) RUNWAY *(number) (description of deficiency)*	*(specifico aiuto visivo o non visivo)* PISTA *(numero) (descrizione dell'avaria)*
	(type) LIGHTING *(unserviceability)*	SISTEMA LUMINOSO *(tipo) (inefficienza)*
	GBAS/SBAS/MLS/ILS CATEGORY *(category) (serviceability state)*	GBAS/SBAS/MLS/ILS CATEGORIA *(categoria) (stato di efficienza)*
	TAXIWAY LIGHTING *(description of deficiency)*	LUCI VIE DI RULLAGGIO *(descrizione dell'avaria)*
	(type of visual approach slope indicator) RUNWAY *(number) (description of deficiency)*	*(tipo di indicatore ottico di planata)* PISTA *(numero) (descrizione dell'avaria)*

• *SERVIZI DI EMERGENZA AEROPORTUALE*

…per comunicare il livello di protezione antincendio aeroportuale	MESSAGE FROM *(airport operator)*, RESCUE AND FIRE FACILITIES REDUCED TO CATEGORY *(number)*	MESSAGGIO DA *(operatore aeroportuale)*, LIVELLO ANTINCENDIO RIDOTTO A CATEGORIA *(numero)*
…per comunicare che non è presente alcun servizio antincendio	MESSAGE FROM *(airport operator)*, NO RESCUE AND FIRE FACILITIES AVAILABLE	MESSAGGIO DA *(operatore aeroportuale)*, NESSUN LIVELLO ANTINCENDIO DISPONIBILE

119

- ## IDENTIFICAZIONE DEGLI AEROMOBILI

	SHOW LANDING LIGHTS	ACCENDETE LE LUCI DI ATTERRAGGIO

- ## ACCUSA DI RICEVUTO CON MEZZI VISIBILI

	ACKNOWLEDGE BY MOVING AILERONS (*or* RUDDER)	ACCUSATE IL RICEVUTO MUOVENDO GLI ALETTONI (*o* IL TIMONE)
	ACKNOWLEDGE BY ROCKING WINGS	ACCUSATE IL RICEVUTO OSCILLANDO LE ALI
	ACKNOWLEDGE BY FLASHING LANDING LIGHTS	ACCUSATE IL RICEVUTO LAMPEGGIANDO LE LUCI DI ATTERRAGGIO

- ## PROCEDURE PER LA MESSA IN MOTO

.. per richiedere la messa in moto	[*aircraft location*] REQUEST START UP	[*posizione aeromobile*] RICHIEDIAMO MESSA IN MOTO
	[*aircraft location*] REQUEST START UP, INFORMATION *(ATIS identification)*	[*posizione aeromobile*] RICHIEDIAMO MESSA IN MOTO, INFORMAZIONI *(identificazione emissione ATIS)*
...sugli aeroporti dove l'"AFIS può gestire la messa in moto	START UP APPROVED	MESSA IN MOTO APPROVATA
	START UP AT (*time*)	MESSA IN MOTO AI (*orario*)
...sugli aeroporti dove l'"AFIS non può gestire la messa in moto	START UP AT OWN DISCRETION	MESSA IN MOTO A DISCREZIONE

| | EXPECT DEPARTURE (time) START UP AT OWN DISCRETION | ASPETTATEVI LA PARTENZA AI (orario) MESSA IN MOTO A DISCREZIONE |
| | START UP AT OWN DISCRETION (local information) | MESSA IN MOTO A DISCREZIONE (informazioni locali) |

- ## *PROCEDURE PER IL PUSH-BACK*

	[aircraft location] REQUEST PUSHBACK	[posizione aeromobile] RICHIEDIAMO PUSHBACK
	PUSHBACK AT OWN DISCRETION	PUSHBACK A DISCREZIONE
	EXPECT (number) MINUTES DELAY DUE (reason)	ASPETTATEVI (numero) MINUTI DI RITARDO CAUSA (motivo)

- ## *RULLAGGIO*

	READY TO TAXI (position)	PRONTI AL RULLAGGIO (posizione)
	[TRAFFIC (details)] [AERODROME CONDITIONS (details)] RUNWAY (number)	[TRAFFICO (dettagli)] [CONDIZIONI DELL"AEROPORTO (dettagli)] PISTA (numero)
	WILL TAXI TO HOLDING POINT (name) [RUNWAY (number)] VIA TAXIWAY (name)	RULLEREMO AL PUNTO ATTESA (nome) [PISTA (numero)] VIA DI RULLAGGIO (nome)
	HOLDING	ATTENDIAMO

- ## *RILANCIO DELLE AUTORIZZAZIONI*

| ...AFIU | (ATC unit call sign) CLEARS (details of clearance) | (nominativo ente ATC) AUTORIZZA (dettagli dell'autorizzazione) |
| ...per conferma o meno del read back | [THAT IS] CORRECT (or NEGATIVE) [I SAY AGAIN] (as appropriate) | [È] CORRETTO (o NEGATIVO) [RIPETO] (come appropriato) |

- **DECOLLO**

	[REPORT READY]	[RIPORTATE PRONTI]
	READY FOR DEPARTURE	PRONTI PER LA PARTENZA
	TRAFFIC (*details*) [NO REPORTED TRAFFIC] RUNWAY (*number*)	TRAFFICO (*dettagli*) [NESSUN TRAFFICO RIPORTATO] PISTA (*numero*)
	(*traffic information*) [RUNWAY (*number*) FREE FOR DEPARTURE] [*or* RUNWAY (*number*) OCCUPIED (*or* BLOCKED) BY (*aircraft or vehicles or persons*)] [REPORT AIRBORNE]	(*informazioni di traffico*) [PISTA (*numero*) LIBERA PER LA PARTENZA] [*o* PISTA (*numero*) OCCUPATA (*o* BLOCCATA) DA (*aeromobile o veicoli o persone*)] [RIPORTATE IN VOLO]
	HOLDING	ATTENDIAMO
	WILL LINE UP RUNWAY (*number*) [VIA BACKTRACK]	CI ALLINEEREMO PISTA (*numero*) [VIA BACKTRACK]
	WILL TAKE OFF RUNWAY (*number*)	DECOLLEREMO PISTA (*numero*)

- **DOPO IL DECOLLO**

Procedure LVP	REPORT AIRBORNE	RIPORTATE IN VOLO
	AFTER PASSING (*level*) (*contact instructions*)	DOPO AVER ATTRAVERSATO (*livello*) (*istruzioni di contatto*)

- ## *INGRESSO NEL CIRCUITO DI TRAFFICO DI AEROPORTO*

	[aircraft type] (position) (level) FOR LANDING	*[tipo di aeromobile] (posizione) (livello)* PER ATTERRAGGIO
	ROGER [*(direction of circuit in use)*] [RUNWAY *(number)*] [SURFACE] WIND *(direction and speed) (units)* [TEMPERATURE [MINUS] *(number)*] QNH (*or* QFE) *(number)* [*(units)*] [TRAFFIC *(details)*]	RICEVUTO [*(direzione del circuito in uso)*] [PISTA *(numero)*] VENTO [AL SUOLO] *(direzione e intensità) (nodi)* [TEMPERATURA [MENO] *(numero)*] QNH (*o* QFE) *(numero)* [*(unità di misura)*] [TRAFFICO *(dettagli)*]
...quando sono disponibili le informazioni ATIS	*(aircraft type) (position) (level)* INFORMATION *(ATIS identification)* FOR LANDING	*(tipo di aeromobile) (posizione) (livello)* INFORMAZIONI *(identificazione ATIS)* PER ATTERRAGGIO
	ROGER *(circuit in use)* [RUNWAY *(number)*] QNH (*or* QFE) *(number)* [*(units)*] [TRAFFIC *(details)*]	RICEVUTO *(circuito in uso)* [PISTA *(numero)*] QNH (*o* QFE) *(numero)* [*(unità di misura)*] [TRAFFICO *(dettagli)*]

- ## *NEL CIRCUITO*

	(position in circuit, e.g. DOWNWIND/FINAL)	*(posizione in circuito, es.* SOTTOVENTO/FINALE)
	ROGER [RUNWAY *(number)* FREE] or [TRAFFIC *(detail)* [*additional information if required*]	RICEVUTO [PISTA *(numero)* LIBERA] *o* [TRAFFICO *(dettagli)* [*informazioni aggiuntive se previsto*]

- ## *AVVICINAMENTO*

	REPORT BASE (*or* FINAL, *or* LONG FINAL)	RIPORTATE BASE (*o* FINALE, *o* LUNGO FINALE)
	BASE [*or* FINAL, *or* LONG FINAL]	BASE [*o* FINALE, *o* LUNGO FINALE]
	TRAFFIC (*details*)	TRAFFICO (*dettagli*)
	NO REPORTED TRAFFIC RUNWAY (*number*)	NESSUN TRAFFICO RIPORTATO PISTA (*numero*)
Info traffico	(*traffic information*) RUNWAY (*number*) FREE [*or* RUNWAY (*number*) OCCUPIED BY (*aircraft, vehicle, persons or obstruction*)]	(*informazioni di traffico*) PISTA (*numero*) LIBERA [*o* PISTA (*numero*) OCCUPATA DA (*aeromobile, veicolo, persone o ostruzione*)]
	WILL LAND [RUNWAY (*number*)]	ATTERREREMO [PISTA (*numero*)]
	GOING AROUND	RIATTACCHIAMO

- ## *INFORMAZIONI AGLI AEROMOBILI*

…se il pilota ha richiesto l''ispezione visiva del carrello di atterraggio	LANDING GEAR APPEARS DOWN	IL CARRELLO APPARE GIÙ
	RIGHT (*or* LEFT, *or* NOSE) WHEEL APPEARS UP (*or* DOWN)	LA RUOTA DESTRA (*o* SINISTRA, *o* ANTERIORE) APPARE SÙ (*o* GIÙ)
	WHEELS APPEAR UP	LE RUOTE APPAIONO SÙ
	RIGHT (*or* LEFT, *or* NOSE) WHEEL DOES NOT APPEAR UP (*or* DOWN)	LA RUOTA DESTRA (*o* SINISTRA, *o* ANTERIORE) NON APPARE SÙ (*o* GIÙ)
… turbolenza di scia	CAUTION WAKE TURBULENCE [FROM ARRIVING (*or* DEPARTING) (*type of aircraft*)] [*additional information as required*]	ATTENZIONE TURBOLENZA DI SCIA [DA (*tipo aeromobile*) IN ARRIVO (*o* PARTENZA)] [*informazioni aggiuntive come previsto*]

... scarico dei reattori sul piazzale o sulle vie di rullaggio	CAUTION JET BLAST	ATTENZIONE JET BLAST
... flusso delle eliche	CAUTION SLIPSTREAM	ATTENZIONE FLUSSO ELICHE

- **LIBERANDO LA PISTA E COMUNICAZIONI DOPO L'ATTERRAGGIO**

	TAXIWAY *(name)* AVAILABLE TO APRON (STAND)	TAXIWAY *(nome)* DISPONIBILE PER PIAZZALE (STAND)
	YOUR STAND *(or* GATE) *(designation)*	VOSTRO STAND *(o* GATE) *(denominazione)*

FRASEOLOGIA DEL SERVIZIO DI SORVEGLIANZA ATS

Per sistema di sorveglianza ATS, si intende un servizio svolto con l'ausilio di sistemi atto al monitoraggio del volo da parte del controllore, ovvero il Radar.
Ogni aeromobile, prima di essere oggetto del servizio, <u>deve</u> essere identificato. L'identificazione avviene comunicando al pilota la sua posizione Radar (salvo casi in cui vi è continuità di servizio).

- ### IDENTIFICAZIONE DEGLI AEROMOBILI

	REPORT HEADING [AND FLIGHT LEVEL (*or* ALTITUDE)]	RIPORTATE PRUA [E LIVELLO DI VOLO (*o* ALTITUDINE)]
	FOR IDENTIFICATION TURN LEFT (*or* RIGHT) HEADING (*three digits*)	PER IDENTIFICAZIONE VIRATE A SINISTRA (*o* A DESTRA) PRUA (*tre cifre*)
	TRANSMIT FOR IDENTIFICATION AND REPORT HEADING	TRASMETTETE PER IDENTIFICAZIONE E RIPORTATE LA PRUA
	RADAR CONTACT [*position*]	CONTATTO RADAR [*posizione*]
	IDENTIFIED [*position*]	IDENTIFICATI [*posizione*]
	NOT IDENTIFIED [*reason*] [RESUME (*or* CONTINUE) OWN NAVIGATION]	NON IDENTIFICATI [*motivo*] [RIPRENDETE (*o* CONTINUATE) PROPRIA NAVIGAZIONE]

- ### INFORMAZIONI DI POSIZIONE

	POSITION (*distance*) (*direction*) OF (*significant point*) (*or* OVER *or* ABEAM (*significant point*))	POSIZIONE (*distanza*) (*direzione*) DA (*punto significativo*) (*o* SU *o* AL TRAVERSO DI (*punto significativo*)

• *ISTRUZIONI DI VETTORAMENTO*

	LEAVE *(significant point)* HEADING *(three digits)*	LASCIATE *(punto significativo)* SU PRUA *(tre cifre)*
	CONTINUE HEADING *(three digits)*	CONTINUATE SU PRUA *(tre cifre)*
	CONTINUE PRESENT HEADING	CONTINUATE SULLA PRUA ATTUALE
	FLY HEADING *(three digits)*	ASSUMETE PRUA *(tre cifre)*
	TURN LEFT *(or* RIGHT) HEADING *(three digits)* [*reason e.g.* DUE TRAFFIC, FOR SPACING, FOR DELAY, FOR DOWNWIND *or* BASE *or* FINAL]	VIRATE A SINISTRA *(o* DESTRA) PRUA *(tre cifre)* [*motivo es.* CAUSA TRAFFICO, PER SPAZIAMENTO, PER RITARDO, PER SOTTOVENTO *o* BASE *o* FINALE]
	TURN LEFT *(or* RIGHT) *(number of degrees)* DEGREES [*reason*]	VIRATE A SINISTRA *(o* DESTRA) *(numero di gradi)* GRADI [*motivo*]
	STOP TURN HEADING *(three digits)*	FERMATE LA VIRATA SU PRUA *(tre cifre)*
	FLY HEADING *(three digits)*, WHEN ABLE PROCEED DIRECT *(name) (significant point)*	ASSUMETE PRUA *(tre cifre)*, QUANDO ABILI PROCEDETE DIRETTI *(nome) (punto significativo)*
	HEADING IS GOOD	LA PRUA È BUONA

• *TERMINE DEL VETTORAMENTO*

	RESUME OWN NAVIGATION *(position of aircraft) (specific instructions)*	RIPRENDETE PROPRIA NAVIGAZIONE *(posizione aeromobile) (istruzioni specifiche)*

	RESUME OWN NAVIGATION [DIRECT] *(significant point)* [MAGNETIC TRACK *(three digits)* DISTANCE *(number)* MILES]	RIPRENDETE PROPRIA NAVIGAZIONE [DIRETTI] *(punto significativo)* [ROTTA MAGNETICA *(tre cifre)* DISTANZA *(numero)* MIGLIA]

- ## *MANOVRE*

	MAKE A THREE SIXTY TURN LEFT (*or* RIGHT) [*reason*]	EFFETTUATE UN TRE E SESSANTA A SINISTRA (*o* DESTRA) [*motivo*]
	ORBIT LEFT (*or* RIGHT) [*reason*]	ORBITATE A SINISTRA (*o* DESTRA) [*motivo*]
...in caso di strumenti direzionali di bordo inaffidabili [NO-GYRO]	MAKE ALL TURNS RATE ONE (*or* RATE HALF, *or (number)* DEGREES PER SECOND) START AND STOP ALL TURNS ON THE COMMAND "NOW"	EFFETTUATE TUTTE LE VIRATE AL RATEO UNO (o AL RATEO MEZZO, *o (numero)* GRADI AL SECONDO) INIZIATE E FERMATE TUTTE LE VIRATE AL COMANDO "ORA"
	TURN LEFT (*or* RIGHT) NOW	VIRATE A SINISTRA (*o* DESTRA) ORA
	STOP TURN NOW	FERMATE LA VIRATA ORA
Quando è necessario specificare il motivo del vettoramento o delle manovre sopra descritte, dovrebbe essere utilizzata la seguente fraseologia	*1) DUE TRAFFIC;* *2) FOR SPACING;* *3) FOR DELAY;* *4) FOR DOWNWIND (or BASE or FINAL).*	*1) CAUSA TRAFFICO;* *2) PER SPAZIAMENTO;* *3) PER RITARDO;* *4) PER SOTTOVENTO (o BASE o FINALE).*

- ## *CONTROLLO DELLA VELOCITÀ*

	REPORT SPEED	RIPORTATE LA VELOCITÀ

	SPEED *(number)* KNOTS	VELOCITÀ *(numero)* NODI
	MAINTAIN *(number)* or KNOTS [OR GREATER *(or* OR LESS)] [UNTIL *(significant point)*]	MANTENETE *(numero)* NODI [O PIÙ *(o* O MENO)] [FINO A *(punto significativo)*]
	DO NOT EXCEED *(number)* KNOTS	NON SUPERATE *(numero)* NODI
	MAINTAIN PRESENT SPEED	MANTENETE VELOCITÀ ATTUALE
	INCREASE *(or* REDUCE) SPEED TO *(number)* KNOTS [OR GREATER *(or* OR LESS)]	AUMENTATE *(o* RIDUCETE) LA VELOCITÀ A *(numero)* NODI [O PIÙ *(o* O MENO)]
	INCREASE *(or* REDUCE) SPEED BY *(number)* KNOTS	AUMENTATE *(o* RIDUCETE) LA VELOCITÀ DI *(numero)* NODI
…per comunicare che è terminata la necessità di regolazione tattica della velocità da parte dell'ATC	RESUME NORMAL SPEED	RIPRENDETE NORMALE VELOCITÀ
	REDUCE TO MINIMUM APPROACH SPEED	RIDUCETE ALLA MINIMA VELOCITÀ DI AVVICINAMENTO
	REDUCE TO MINIMUM CLEAN SPEED	RIDUCETE ALLA MINIMA VELOCITÀ IN CONFIGURAZIONE PULITA
…per comunicare l'esenzione anche dalle regolazioni di velocità stabilite su base strategica ai fini ATC e pubblicate su AIP	NO [ATC] SPEED RESTRICTIONS	NESSUNA RESTRIZIONE [ATC] DI VELOCITÀ

• *RIPORTO DI POSIZIONE*

…per omettere i riporti di posizione	OMIT POSITION REPORTS [UNTIL *(specify)*]	OMETTETE RIPORTI DI POSIZIONE [FINO A *(specificare)*]

Riporti successivi	NEXT REPORT AT *(significant point)*	PROSSIMO RIPORTO SU *(punto significativo)*
	REPORTS REQUIRED ONLY AT *(significant point(s))*	RIPORTI RICHIESTI SOLO SU *(punto(i) significativo(i))*
	RESUME POSITION REPORTING	RIPRENDETE RIPORTI DI POSIZIONE

- ## INFORMAZIONI DI TRAFFICO E AZIONI DI EVITAMENTO

	TRAFFIC *(number)* O"CLOCK *(distance)* *(direction of flight)* [*any other pertinent information*]:	TRAFFICO A ORE *(numero) (distanza) (direzione di volo)* [*ogni altra informazione pertinente*]:
	1) UNKNOWN; 2) SLOW MOVING; 3) FAST MOVING; 4) CLOSING; 5) OPPOSITE (*or* SAME) DIRECTION; 6) OVERTAKING; 7) CROSSING LEFT TO RIGHT (*or* RIGHT TO LEFT); 8) *(aircraft type)* (if known); 9) *(level)*; 10) CLIMBING (*or* DESCENDING).	1) SCONOSCIUTO; 2) LENTO; 3) VELOCE; 4) CONVERGENTE; 5) OPPOSTA (o STESSA) DIREZIONE; 6) IN SORPASSO; 7) IN ATTRAVERSAMENTO DA SINISTRA A DESTRA (*o* DA DESTRA A SINISTRA); 8) *(tipo di aeromobile)* (se conosciuto); 9) (livello); 10) IN SALITA (*o* IN DISCESA).
... per chiedere azioni di evitamento	REQUEST VECTORS	RICHIEDIAMO VETTORI
	DO YOU WANT VECTORS?	VOLETE VETTORI?
... quando si sta liberando dal traffico sconosciuto	CLEAR OF TRAFFIC [*appropriate instructions*]	LIBERI DAL TRAFFICO [*istruzioni appropriate*]

… per azioni di evitamento	TURN LEFT (*or* RIGHT) IMMEDIATELY HEADING *(three digits)* TO AVOID [UNIDENTIFIED] TRAFFIC *(bearing by clock-reference and distance)*	VIRATE IMMEDIATAMENTE A SINISTRA (*o* DESTRA) PRUA *(tre cifre)* PER EVITARE TRAFFICO [NON IDENTIFICATO] *(rilevamento riferito al quadrante dell'orologio e distanza)*
	TURN LEFT (*or* RIGHT) *(number of degrees)* DEGREES IMMEDIATELY TO AVOID [UNIDENTIFIED] TRAFFIC *(bearing by clock-reference and distance)*	VIRATE IMMEDIATAMENTE A SINISTRA (*o* DESTRA) *(numero di gradi)* GRADI PER EVITARE TRAFFICO [NON IDENTIFICATO] *(rilevamento riferito al quadrante dell'orologio e distanza)*

- ## *COMUNICAZIONI E PERDITA DEL CONTATTO RADIO*

	IF RADIO CONTACT LOST *(instructions)*	IN CASO DI PERDITA DEL CONTATTO RADIO *(istruzioni)*
	RADIO CONTACT LOST *(instructions)*	ABBIAMO PERSO IL CONTATTO RADIO *(istruzioni)*
	IF NO TRANSMISSIONS RECEIVED FOR *(number)* MINUTES (*or* SECONDS) *(instructions)*	SE NON RICEVETE TRASMISSIONI PER *(numero)* MINUTI (*o* SECONDI) *(istruzioni)*
	REPLY NOT RECEIVED *(instructions)*	RISPOSTA NON RICEVUTA *(istruzioni)*
… se si sospetta la perdita di comunicazione	F YOU READ [*manoeuvre instructions or* SQUAWK *(code or* IDENT*)*]	SE RICEVETE [*istruzioni di manovra o* SQUAWK *(codice o* IDENT*)*]
	(manoeuvre, SQUAWK	*(manovra,* SQUAWK *o*

	or IDENT) OBSERVED. POSITION *(position of aircraft)* [*(instructions)*]	IDENT) OSSERVATA/O). POSIZIONE *(posizione aeromobile)* [*(istruzioni)*]

- ## *TERMINE DEL SERVIZIO RADAR E/O ADS-B*

	RADAR SERVICE (*or* IDENTIFICATION) TERMINATED [DUE *(reason)*] *(instructions)*	SERVIZIO RADAR (*o* IDENTIFICAZIONE) TERMINATO/A [CAUSA *(motivo)*] *(istruzioni)*
	SURVEILLANCE SERVICE IS TERMINATED [DUE *(reason)*] *(instructions)*	SERVIZIO DI SORVEGLIANZA TERMINATO [CAUSA *(motivo)*] *(istruzioni)*
	WILL SHORTLY LOSE IDENTIFICATION *(appropriate instructions or information)*	TRA BREVE PERDEREMO L"IDENTIFICAZIONE *(istruzioni o informazioni appropriate)*
	IDENTIFICATION LOST [*reasons*] *(instructions)*	IDENTIFICAZIONE PERSA [*motivi*] *(istruzioni)*

- ## *DEGRADO DELL'APPARATO RADAR E/O ADS-B*

	SECONDARY RADAR OUT OF SERVICE *(appropriate information as necessary)*	RADAR SECONDARIO FUORI SERVIZIO *(informazioni appropriate ove necessario)*
	PRIMARY RADAR OUT OF SERVICE *(appropriate information as necessary)*	RADAR PRIMARIO FUORI SERVIZIO *(informazioni appropriate ove necessario)*
	ADS-B OUT OF SERVICE *(appropriate information as necessary)*	ADS-B FUORI SERVIZIO *(informazioni appropriate ove necessario)*

• RADAR SECONDARIO DI SORVEGLIANZA (SSR) E ADS-B

…per richiedere la capacità dell'apparato SSR	ADVISE TRANSPONDER CAPABILITY	COMUNICATE LA CAPACITÀ DEL TRANSPONDER
	TRANSPONDER *(as shown in the flight plan)*	TRANSPONDER *(come riportato nel piano di volo)*
	NEGATIVE TRANSPONDER	NEGATIVO TRANSPONDER
…per richiedere la capacità dell'apparato ADS-B	ADVISE ADS-B CAPABILITY	COMUNICATE LA CAPACITÀ ADS-B
	ADS-B TRANSMITTER *(data link)*	TRASMETTITORE ADS-B *(data-link)*
	ADS-B RECEIVER *(data link)*	RICEVITORE ADS-B *(data-link)*
	NEGATIVE ADS-B	NEGATIVO ADS-B
…istruzioni relative al transponder	FOR DEPARTURE SQUAWK *(code)*	PER LA PARTENZA SQUAWK *(codice)*
	SQUAWK *(code)*	SQUAWK *(codice)*
…per richiedere il reinserimento di modo e codici assegnati	RESET SQUAWK *[(mode)] (code)*	RISELEZIONATE SQUAWK [*(modo)*] *(codice)*
	RESETTING *(mode) (code)*	RISELEZIONIAMO *(modo) (codice)*
…per richiedere la riselezione dell'identificazione dell'aeromobile	RE-ENTER [ADS-B *or* MODE S] AIRCRAFT IDENTIFICATION	REINSERITE IDENTIFICAZIONE AEROMOBILE [ADS-B *o* MODO S]
…per richiedere al pilota la conferma del codice selezionato sul transponder	CONFIRM SQUAWK *(code)*	CONFERMATE SQUAWK *(codice)*
	SQUAWKING *(code)*	SQUAWKING *(codice)*
…per richiedere l'attivazione del dispositivo "ident"	SQUAWK [*(code)*] [AND] IDENT	SQUAWK [*(codice)*] [E] IDENT
	SQUAWK LOW	SQUAWK LOW
	SQUAWK NORMAL	SQUAWK NORMAL

Ads-b ident	TRANSMIT ADS-B IDENT	TRASMETTETE ADS-B IDENT
...per richiedere la sospensione temporanea delle operazioni del transponder	SQUAWK STANDBY	SQUAWK STANDBY
...per richiedere il codice di emergenza	SQUAWK MAYDAY [CODE SEVEN SEVEN ZERO ZERO]	SQUAWK MAYDAY [CODICE SETTE SETTE ZERO ZERO]
...per richiedere la sospensione delle operazioni del transponder e/o del trasmettitore ADS-B	STOP SQUAWK [TRANSMIT ADS-B ONLY]	INTERROMPETE SQUAWK [TRASMETTETE SOLO ADS-B]
	STOP ADS-B TRANSMISSION [SQUAWK *(code)* ONLY]	INTERROMPETE TRASMISSIONE ADS-B [SQUAWK SOLO *(codice)*]
...per richiedere la trasmissione dell"altitudine-pressione	SQUAWK CHARLIE	SQUAWK CHARLIE
	TRANSMIT ADS-B ALTITUDE	TRASMETTETE ALTITUDINE ADS-B
...per richiedere la verifica del regolaggio altimetrico e la conferma del livello	CHECK ALTIMETER SETTING AND CONFIRM *(level)*	VERIFICATE REGOLAGGIO ALTIMETRO E CONFERMATE *(livello)*
...per richiedere la sospensione della trasmissione dell"altitudine-pressione a causa di errate indicazioni di livello	STOP SQUAWK CHARLIE, WRONG INDICATION	INTERROMPETE MODO CHARLIE, INDICAZIONI ERRATE
	STOP ADS-B ALTITUDE TRANSMISSION [(WRONG INDICATION, *or reason*)]	INTERROMPETE TRASMISSIONE ALTITUDINE ADS-B [(INDICAZIONI ERRATE, *o motivo*)]
...per richiedere la verifica del livello	CONFIRM *(level)*	CONFERMATE *(livello)*

FRASEOLOGIA DEL SERVIZIO DI CONTROLLO DI AVVICINAMENTO

- ## *ISTRUZIONI PER LA PARTENZA*

	[AFTER DEPARTURE] TURN RIGHT (*or* LEFT) HEADING *(three digits)* (*or* CONTINUE RUNWAY HEADING) (*or* TRACK EXTENDED CENTRE LINE) TO *(level or significant point)* [*(other instructions as required)*]	[DOPO LA PARTENZA] VIRATE A DESTRA (*o* SINISTRA) PRUA *(tre cifre)* (*o* CONTINUATE PRUA PISTA) (*o* SEGUITE IL PROLUNGAMENTO ASSE PISTA) A *(livello o punto significativo)* [*(altre istruzioni come previsto)*]
	AFTER REACHING (*or* PASSING) *(level or significant point)* *(instructions)*	DOPO AVER RAGGIUNTO (*o* ATTRAVERSATO *(livello))* (*o* PASSATO *(punto significativo))* *(istruzioni)*
	TURN RIGHT (*or* LEFT) HEADING *(three digits)* TO *(level)* [TO INTERCEPT *(track, route, airway, etc.)*]	VIRATE A DESTRA (*o* SINISTRA) PRUA *(tre cifre)* PER *(livello)* [PER INTERCETTARE *(rotta, percorso, aerovia, ecc.)*]
	standard departure name and number) DEPARTURE	PARTENZA *(nome e numero della partenza standard)*
	TRACK *(three digits)* DEGREES [MAGNETIC (*or* TRUE)] TO (*or* FROM) *(significant point)* UNTIL (*time, or* REACHING *(fix or significant point or level))* [BEFORE PROCEEDING ON COURSE]	PROCEDETE SU *(tre cifre)* GRADI [MAGNETICI (*o* VERI)] PER (*o* DA) *(punto significativo)* FINO A *(orario, o* RAGGIUNGERE *(fix o punto significativo o livello))* [PRIMA DI PROSEGUIRE SULLA ROTTA]

	CLEARED VIA *(designation)*	AUTORIZZATI VIA *(descrizione)*

- ## *ISTRUZIONI PER L'AVVICINAMENTO*

	CLEARED (*or* PROCEED) VIA *(designation)*	AUTORIZZATI (*o* PROCEDETE) VIA *(descrizione)*
	CLEARED TO *(clearance limit)* VIA *(designation)*	AUTORIZZATI A *(limite autorizzazione)* VIA *(descrizione)*
	CLEARED (*or* PROCEED) VIA *(details of route to be followed)*	AUTORIZZATI (*o* PROCEDETE) VIA *(dettagli della rotta da seguire)*
	CLEARED *(type of approach)* APPROACH [RUNWAY *(number)*]	AUTORIZZATI AVVICINAMENTO *(tipo di avvicinamento)* [PISTA *(numero)*]
	CLEARED *(type of approach)* RUNWAY *(number)* FOLLOWED BY CIRCLING TO RUNWAY *(number)*	AUTORIZZATI *(tipo di avvicinamento)* PISTA *(numero)* SEGUITO DA CIRCUITAZIONE PER PISTA *(numero)*
	CLEARED APPROACH [RUNWAY *(number)*]	AUTORIZZATI AVVICINAMENTO [PISTA *(numero)*]
	COMMENCE APPROACH AT *(time)*	INIZIATE AVVICINAMENTO AI *(orario)*
	REQUEST STRAIGHT-IN [*(type of approach)*] APPROACH [RUNWAY *(number)*]	RICHIEDIAMO AVVICINAMENTO DIRETTO [*(tipo di avvicinamento)*] [PISTA *(numero)*]
	CLEARED STRAIGHT-IN [*(type of approach)*] APPROACH [RUNWAY *(number)*]	AUTORIZZATI AVVICINAMENTO DIRETTO [*(tipo di avvicinamento)*] [PISTA *(numero)*]
	REPORT VISUAL	RIPORTATE VISUAL
	REPORT RUNWAY [LIGHTS] IN SIGHT	RIPORTATE [LUCI] PISTA IN VISTA

…quando un pilota richiede un avvicinamento a vista	REQUEST VISUAL APPROACH	RICHIEDIAMO AVVICINAMENTO A VISTA
	CLEARED VISUAL APPROACH RUNWAY *(number)*	AUTORIZZATI AVVICINAMENTO A VISTA PISTA *(numero)*
…per chiedere ad un pilota se è in grado di accettare un avvicinamento a vista	ADVISE ABLE TO ACCEPT VISUAL APPROACH RUNWAY *(number)*	AVVISATE SE ABILI AD ACCETTARE AVVICINAMENTO A VISTA PISTA *(numero)*
…in caso di avvicinamento a vista successivo, quando il pilota dell"aeromobile che segue ha riportato di avere in vista l"aeromobile che lo precede	CLEARED VISUAL APPROACH RUNWAY *(number)*, MAINTAIN OWN SEPARATION FROM PRECEDING *(aircraft type and wake turbulence category as appropriate)* [CAUTION WAKE TURBULENCE]	AUTORIZZATI AVVICINAMENTO A VISTA PISTA *(numero)*, MANTENETE PROPRIA SEPARAZIONE DAL *(tipo aeromobile e categoria di turbolenza di scia come appropriato)* CHE VI PRECEDE [ATTENZIONE TURBOLENZA DI SCIA]
	REPORT *(significant point)* [OUTBOUND, *or* INBOUND]	RIPORTATE *(punto significativo)* [IN ALLONTANAMENTO *o* IN AVVICINAMENTO]
	REPORT COMMENCING PROCEDURE TURN	RIPORTARE INIZIANDO LA VIRATA DI PROCEDURA
	REQUEST VMC DESCENT	RICHIEDIAMO DISCESA IN VMC
	MAINTAIN OWN SEPARATION	MANTENETE PROPRIA SEPARAZIONE
	MAINTAIN VMC	MANTENETE VMC
	ARE YOU FAMILIAR WITH *(name)* APPROACH PROCEDURE?	CONOSCETE BENE LA PROCEDURA DI AVVICINAMENTO *(nome)*?

	REQUEST *(type of approach)* APPROACH [RUNWAY *(number)*]	RICHIEDIAMO AVVICINAMENTO *(tipo di avvicinamento)* [PISTA *(numero)*]
	REQUEST (MLS/RNAV *plain-language designator*)	RICHIEDIAMO *(designatore* MLS/RNAV *in linguaggio chiaro)*
	CLEARED *(*MLS/RNAV *plain-language designator)*	AUTORIZZATI *(designatore* MLS/RNAV *in linguaggio chiaro)*

- ## *AUTORIZZAZIONI DI ATTESA*

… a vista	HOLD VISUAL [OVER] *(position)* *(or* BETWEEN) *(two prominent landmarks)*	ATTENDETE A VISTA [SU] *(posizione)* *(o* TRA) *(due punti di riferimento prominenti)*
… procedure di attesa pubblicate e attestate su una radioassistenza o un fix	CLEARED *(or* PROCEED) TO *(significant point, name of facility or fix)* [MAINTAIN *(or* CLIMB *or* DESCEND TO) *(level)*] HOLD [*(direction)*] AS PUBLISHED EXPECT APPROACH CLEARANCE *(or* FURTHER CLEARANCE) AT *(time)*	AUTORIZZATI *(o* PROCEDETE) *(punto significativo, nome radioaiuto o fix)* [MANTENETE *(o* SALITE *o* SCENDETE A) *(livello)*] ATTENDETE [*(direzione)*] COME PUBBLICATO ASPETTATEVI AUTORIZZAZIONE AVVICINAMENTO *(o* ULTERIORE AUTORIZZAZIONE) AI *(orario)*
	REQUEST HOLDING INSTRUCTIONS	RICHIEDIAMO ISTRUZIONI DI ATTESA

...quando è prevista un''autorizzazione dettagliata di attesa	CLEARED (*or* PROCEED) TO *(significant point, name of facility or fix)* [MAINTAIN (*or* CLIMB *or* DESCEND TO) *(level)*] HOLD [*(direction)*] [*(specified)* RADIAL, COURSE, INBOUND TRACK *(three digits)* DEGREES] [RIGHT (*or* LEFT) HAND PATTERN] [OUTBOUND TIME *(number)* MINUTES] EXPECT APPROACH CLEARANCE (*or* FURTHER CLEARANCE) AT *(time) (additional instructions, if necessary)*	AUTORIZZATI (*o* PROCEDETE) A *(punto significativo, nome radioaiuto o fix)* [MANTENETE (*o* SALITE *o* SCENDETE A) *(livello)*] ATTENDETE [*(direzione)*] [*(specifica)* RADIALE, ROTTA, INBOUND TRACK *(tre cifre)* GRADI] [CIRCUITO A DESTRA (*o* SINISTRA)] [TEMPO DI ALLONTANAMENTO *(numero)* MINUTI] ASPETTATEVI AUTORIZZAZIONE AVVICINAMENTO (*o* ULTERIORE AUTORIZZAZIONE) AI *(orario) (istruzioni aggiuntive, se necessario)*
	CLEARED TO THE *(three digits)* RADIAL OF THE *(name)* VOR AT *(distance)* DME FIX [MAINTAIN (*or* CLIMB *or* DESCEND TO) *(level)*] HOLD [*(direction)*] [RIGHT (*or* LEFT) HAND PATTERN] [OUTBOUND TIME *(number)* MINUTES] EXPECT APPROACH CLEARANCE (*or* FURTHER CLEARANCE) AT *(time) (additional instructions, if necessary)*	AUTORIZZATI AL FIX RADIALE *(tre cifre)* DI *(nome)* VOR A *(distanza)* DME [MANTENETE (*o* SALITE *o* SCENDETE A) *(livello)*] ATTENDETE [*(direzione)*] [CIRCUITO A DESTRA (*o* SINISTRA)] [TEMPO DI ALLONTANAMENTO *(numero)* MINUTI] ASPETTATEVI AUTORIZZAZIONE AVVICINAMENTO (*o* ULTERIORE AUTORIZZAZIONE) AI *(orario) (istruzioni aggiuntive, se necessario)*

	CLEARED TO THE *(three digits)* RADIAL OF THE *(name)* VOR AT *(distance)* DME FIX [MAINTAIN (*or* CLIMB *or* DESCEND TO) *(level)*] HOLD BETWEEN *(distance)* AND *(distance)* DME [RIGHT (*or* LEFT) HAND PATTERN] APPROACH CLEARANCE (*or* FURTHER CLEARANCE) AT *(time)* *(additional instructions, if necessary)*	AUTORIZZATI AL FIX RADIALE *(tre cifre)* DI *(nome)* VOR A *(distanza)* DME [MANTENETE (*o* SALITE *o* SCENDETE A) *(livello)*] ATTENDETE TRA *(distanza)* E *(distanza)* DME [CIRCUITO A DESTRA (*o* SINISTRA)] ASPETTATEVI AUTORIZZAZIONE AVVICINAMENTO (*o* ULTERIORE AUTORIZZAZIONE) AI *(orario)* *(istruzioni aggiuntive, se necessario)*

- ***ORARIO PREVISTO DI AVVICINAMENTO (EAT)***

	NO DELAY EXPECTED	NESSUN RITARDO PREVISTO
	EXPECTED APPROACH TIME *(time)*	ORARIO PREVISTO DI AVVICINAMENTO *(orario)*
	REVISED EXPECTED APPROACH TIME *(time)*	ORARIO PREVISTO DI AVVICINAMENTO REVISIONATO *(orario)*
	DELAY NOT DETERMINED *(reasons)*	RITARDO NON DETERMINATO *(motivi)*

- ***VETTORAMENTO PER L'AVVICINAMENTO***

	VECTORING FOR *(type of pilot-interpreted aid)* APPROACH RUNWAY *(number)*	VETTORAMENTO PER AVVICINAMENTO *(tipologia di aiuto interpretabile dal pilota)* PISTA *(numero)*

Vettoramento per VSA	VECTORING FOR VISUAL APPROACH RUNWAY *(number)* REPORT FIELD *(or* RUNWAY) IN SIGHT	VETTORAMENTO PER AVVICINAMENTO A VISTA PISTA *(numero)* RIPORTATE CAMPO *(o* PISTA) IN VISTA
	VECTORING FOR *(positioning in the circuit)*	VETTORAMENTO PER *(posizionamento in circuito)*
	VECTORING FOR SURVEILLANCE RADAR APPROACH RUNWAY *(number)*	VETTORAMENTO PER AVVICINAMENTO RADAR DI SORVEGLIANZA PISTA *(numero)*
	VECTORING FOR PRECISION APPROACH RUNWAY *(number)*	VETTORAMENTO PER AVVICINAMENTO DI PRECISIONE PISTA *(numero)*
	(type) APPROACH NOT AVAILABLE DUE *(reason) (alternative instructions)*	AVVICINAMENTO *(tipo)* NON DISPONIBILE CAUSA *(motivo) (istruzioni alternative)*

- ### *VETTORAMENTO PER L'AVVICINAMENTO ILS E ALTRI AIUTI INTERPRETATI DAL PILOTA*

	POSITION *(number)* MILES FROM *(fix)*. TURN LEFT *(or* RIGHT) HEADING *(three digits)*	POSIZIONE *(numero)* MIGLIA DA *(fix)*. VIRATE A SINISTRA *(o* DESTRA) PRUA *(tre cifre)*
	YOU WILL INTERCEPT *(radio aid* or track) (distance) FROM *(significant point* or TOUCHDOWN)	INTERCETTERETE *(radioassistenza o rotta) (distanza)* DA *(punto significativo o* TOUCHDOWN)

…per comunicare, almeno una volta all''inizio del vettoramento, la distanza prevista da percorrere per il contatto	TRACK MILES *(distance)*	*(distanza)* DA PERCORRERE
…quando il pilota desidera essere posizionato ad una specifica distanza dal *touchdown*	REQUEST *(distance)* FINAL	RICHIEDIAMO FINALE A *(distanza)*
	CLEARED FOR *(type of approach)* APPROACH RUNWAY *(number)*	AUTORIZZATI AVVICINAMENTO *(tipo di avvicinamento)* PISTA *(numero)*
…istruzioni ed informazioni	REPORT ESTABLISHED ON [ILS] LOCALIZER *(or* ON GBAS/SBAS/MLS APPROACH COURSE)	RIPORTATE STABILIZZATI SUL LOCALIZZATORE [ILS] *(o* SULLA ROTTA DI AVVICINAMENTO GBAS/SBAS/MLS)
	CLOSING FROM LEFT *(or* RIGHT) [REPORT ESTABLISHED]	CHIUDENDO DA SINISTRA *(o* DESTRA) [RIPORTATE STABILIZZATI]
	TURN LEFT *(or* RIGHT) HEADING *(three digits)* [TO INTERCEPT] *or* [REPORT ESTABLISHED]	VIRATE A SINISTRA *(o* DESTRA) PRUA *(tre cifre)* [PER INTERCETTARE] *o* [RIPORTATE STABILIZZATI]
	EXPECT VECTOR ACROSS *(localizer course or radio aid)* *(reason)*	ASPETTATEVI VETTORAMENTO ATTRAVERSO *(rotta del localizzatore o radioassistenza) (motivo)*
	THIS TURN WILL TAKE YOU THROUGH *(localizer course or radio aid)* [reason]	QUESTA VIRATA VI PORTERÀ ATTRAVERSO *(rotta del localizzatore o radioassistenza)* [motivo]

	TAKING YOU THROUGH *(localizer course or radio aid)* *[reason]*	VI PORTIAMO ATTRAVERSO *(rotta del localizzatore o radioassistenza)* [*motivo*]
	MAINTAIN *(altitude)* UNTIL GLIDE PATH INTERCEPTION	MANTENETE *(altitudine)* FINO AD INTERCETTARE IL SENTIERO DI DISCESA
	REPORT ESTABLISHED ON GLIDE PATH	RIPORTATE STABILIZZATI SUL SENTIERO DI DISCESA
	INTERCEPT *(localizer course or radio aid)* [REPORT ESTABLISHED]	INTERCETTATE *(rotta del localizzatore o radioassistenza)* [RIPORTATE STABILIZZATI]

- ### *MANOVRE DURANTE GLI AVVICINAMENTI SU PISTE PARALLELE INDIPENDENTI E DIPENDENTI*

	CLEARED FOR *(type of approach)* APPROACH RUNWAY *(number)* LEFT *(or* RIGHT)	AUTORIZZATI AVVICINAMENTO *(tipo di avvicinamento)* PISTA *(numero)* SINISTRA *(o* DESTRA)
	YOU HAVE CROSSED THE LOCALIZER *(or* GBAS/SBAS/MLS FINAL APPROACH COURSE). TURN LEFT *(or* RIGHT) IMMEDIATELY AND RETURN TO THE LOCALIZER *(or* GBAS/SBAS/MLS FINAL APPROACH COURSE)	AVETE ATTRAVERSATO IL LOCALIZZATORE *(o* LA ROTTA DI AVVICINAMENTO FINALE GBAS/SBAS/MLS). VIRATE IMMEDIATAMENTE A SINISTRA *(o* DESTRA) E RITORNATE SUL LOCALIZZATORE *(o* LA ROTTA DI AVVICINAMENTO FINALE GBAS/SBAS/MLS)

radioassistenze	ILS (or MLS) RUNWAY (number) LEFT (or RIGHT) LOCALIZER (or MLS) FREQUENCY IS (frequency)	ILS (o MLS) PISTA (numero) SINISTRA (o DESTRA) LA FREQUENZA DEL LOCALIZZATORE (o MLS) È (frequenza)
...per azioni di evitamento quando si osserva un aeromobile penetrare la NTZ	TURN LEFT (or RIGHT) (number) DEGREES (or HEADING) (three digits) IMMEDIATELY TO AVOID TRAFFIC [DEVIATING FROM ADJACENT APPROACH], CLIMB TO (altitude)	VIRATE IMMEDIATAMENTE A SINISTRA (o DESTRA) (numero) GRADI (o PRUA) (tre cifre) PER EVITARE TRAFFICO [DEVIANTE DA AVVICINAMENTO ADIACENTE], SALITE A (altitudine)
...per azioni di evitamento al di sotto di 400 ft sull"elevazione della soglia pista dove sono applicati i criteri delle superfici di valutazione degli ostacoli per avvicinamenti paralleli (PAOAS)	CLIMB TO (altitude) IMMEDIATELY TO AVOID TRAFFIC [DEVIATING FROM ADJACENT APPROACH] (further instructions)	SALITE IMMEDIATAMENTE A (altitudine) PER EVITARE TRAFFICO [DEVIANTE DA AVVICINAMENTO ADIACENTE] (ulteriori istruzioni)

- ***AVVICINAMENTO RADAR DI SORVEGLIANZA (SRA)***

FORNITURA DEL SERVIZIO	THIS WILL BE A SURVEILLANCE RADAR APPROACH RUNWAY (number) TERMINATING AT (distance) FROM TOUCHDOWN, OBSTACLE CLEARANCE ALTITUDE (or HEIGHT) (number) FEET CHECK YOUR MINIMA [IN CASE OF GO AROUND (instructions)]	QUESTO SARÀ UN AVVICINAMENTO RADAR DI SORVEGLIANZA PISTA (numero) CHE TERMINA A (distanza) DAL TOUCHDOWN, ALTITUDINE (o ALTEZZA) DI SEPARAZIONE DAGLI OSTACOLI (numero) PIEDI VERIFICATE LA VOSTRA MINIMA [IN CASO DI RIATTACCATA (istruzioni)]

Termine delle istruzioni all'avvicinamento	APPROACH INSTRUCTIONS WILL BE TERMINATED AT *(distance)* FROM TOUCHDOWN	LE ISTRUZIONI PER L"AVVICINAMENTO TERMINERANNO A *(distanza)* DAL TOUCHDOWN
ELEVAZIONE	COMMENCE DESCENT NOW [TO MAINTAIN A *(number)* DEGREE GLIDE PATH]	INIZIATE LA DISCESA ORA [PER MANTENERE UN SENTIERO DI DISCESA DI *(numero)* GRADI]
POSIZIONE	*(distance)* FROM TOUCHDOWN ALTITUDE (*or* HEIGHT) SHOULD BE *(numbers and units)*	*(distanza)* DAL TOUCHDOWN, L"ALTITUDINE (*o* ALTEZZA) DOVREBBE ESSERE *(numeri e unità di misura)*
	(distance) FROM TOUCHDOWN	*distanza)* DAL TOUCHDOWN
CONTROLLI (solo militari)	CHECK GEAR DOWN [AND LOCKED]	VERIFICATE CARRELLO GIÙ [E BLOCCATO]
	OVER THRESHOLD	SULLA SOGLIA PISTA
TERMINE DELL"AVVICINAMENTO	REPORT VISUAL	RIPORTATE VISUAL
	REPORT RUNWAY [LIGHTS] IN SIGHT	RIPORTATE [LUCI] PISTA IN VISTA
	APPROACH COMPLETED [CONTACT *(unit)*]	AVVICINAMENTO COMPLETATO [CONTATTATE *(ente)*]

- ### *AVVICINAMENTO RADAR DI PRECISIONE (PAR)*

FORNITURA DEL SERVIZIO	THIS WILL BE A PRECISION RADAR APPROACH RUNWAY *(number)*	QUESTO SARÀ UN AVVICINAMENTO RADAR DI PRECISIONE PISTA *(numero)*

	PRECISION APPROACH NOT AVAILABLE DUE *(reason) (alternative instructions)*	AVVICINAMENTO DI PRECISIONE NON DISPONIBILE CAUSA *(motivo) (istruzioni alternative)*
	IN CASE OF MISSED APPROACH *(instructions)*	IN CASO DI RIATTACCATA *(istruzioni)*
COMUNICAZIONI	DO NOT ACKNOWLEDGE FURTHER TRANSMISSIONS	NON ACCUSATE IL RICEVUTO DI ULTERIORI TRASMISSIONI
	REPLY NOT RECEIVED, WILL CONTINUE PASS INSTRUCTIONS	RISPOSTA NON RICEVUTA, CONTINUIAMO A DARVI ISTRUZIONI
AZIMUTH	CLOSING [SLOWLY *(or* QUICKLY)] [FROM THE LEFT *(or* FROM THE RIGHT)]	IN CHIUSURA [LENTAMENTE *(o* RAPIDAMENTE)] [DA SINISTRA *(o* DA DESTRA)]
	HEADING IS GOOD	LA PRUA È BUONA
	ON TRACK	IN ROTTA
	SLIGHTLY *(or* WELL, *or* GOING) LEFT *(or* RIGHT) OF TRACK	LEGGERMENTE *(o* MOLTO, *o* STATE ANDANDO) A SINISTRA *(o* A DESTRA) DELLA ROTTA
	(number) METRES LEFT *(or* RIGHT) OF TRACK	*(numero)* METRI A SINISTRA *(o* A DESTRA) DELLA ROTTA
ELEVAZIONE	APPROACHING GLIDE PATH	IN AVVICINAMENTO AL SENTIERO DI DISCESA
discesa	COMMENCE DESCENT NOW [AT *(number)* FEET PER MINUTE *(or* ESTABLISH A *(number)* DEGREE GLIDE PATH]	INIZIATE LA DISCESA ORA [A *(numero)* PIEDI AL MINUTO *(o* STABILIZZATEVI SUL SENTIERO DI DISCESA DI *(numero)* GRADI]

rateo	RATE OF DESCENT IS GOOD	IL RATEO DI DISCESA È BUONO
	ON GLIDE PATH	SUL SENTIERO DI DISCESA
	SLIGHTLY (*or* WELL, *or* GOING) ABOVE (*or* BELOW) GLIDE PATH	LEGGERMENTE (*o* MOLTO, *o* STATE ANDANDO) AL DI SOPRA (*o* AL DI SOTTO) DEL SENTIERO DI DISCESA
	[STILL] *(number)* FEET TOO HIGH (*or* TOO LOW)	[ANCORA] *(numero)* PIEDI TROPPO ALTI (*o* TROPPO BASSI)
	ADJUST RATE OF DESCENT	REGOLATE IL RATEO DI DISCESA
	COMING BACK [SLOWLY (*or* QUICKLY)] TO THE GLIDE PATH	RIENTRANDO [LENTAMENTE (*o* RAPIDAMENTE)] SUL SENTIERO DI DISCESA
	RESUME NORMAL RATE OF DESCENT	RIPRENDETE NORMALE RATEO DI DISCESA
	ELEVATION ELEMENT UNSERVICEABLE *(to be followed by appropriate instructions)*	ELEMENTO DI ELEVAZIONE NON UTILIZZABILE *(seguito da istruzioni appropriate)*
	(distance) FROM TOUCHDOWN, ALTITUDE (*or* HEIGHT) SHOULD BE *(numbers and units)*	*(distanza)* DAL TOUCHDOWN, L"ALTITUDINE (*o* ALTEZZA) DOVREBBE ESSERE *(numeri e unità di misura)*
POSIZIONE	*(distance)* FROM TOUCHDOWN	*(distanza)* DAL TOUCHDOWN
	OVER APPROACH LIGHTS	SOPRA LE LUCI DI AVVICINAMENTO
	OVER THRESHOLD	SOPRA LA SOGLIA PISTA

CONTROLLI	CHECK GEAR DOWN AND LOCKED	VERIFICATE CARRELLO GIÙ E BLOCCATO
	CHECK DECISION ALTITUDE (*or* HEIGHT)	VERIFICATE ALTITUDINE (*o* ALTEZZA) DI DECISIONE
TERMINE DELL"AVVICINAMENTO	REPORT VISUAL	RIPORTATE VISUAL
	REPORT RUNWAY [LIGHTS] IN SIGHT	RIPORTATE [LUCI] PISTA IN VISTA
	APPROACH COMPLETED [CONTACT *(unit)*]	AVVICINAMENTO COMPLETATO [CONTATTATE *(ente)*]
MANCATO AVVICINAMENTO	CONTINUE VISUALLY OR GO AROUND [*missed approach instructions*]	CONTINUATE A VISTA OPPURE RIATTACCATE [*istruzioni per il mancato avvicinamento*]
	GO AROUND IMMEDIATELY [*missed approach instructions*] *(reason)*	RIATTACCATE IMMEDIATAMENTE [*istruzioni per il mancato avvicinamento*] *(motivo)*
	ARE YOU GOING AROUND?	STATE RIATTACCANDO?
	IF GOING AROUND *(appropriate instructions)*	SE RIATTACCATE *(istruzioni appropriate)*
	GOING AROUND	RIATTACCHIAMO

FRASEOLOGIA DEL SERVIZIO DI CONTROLLO D'AREA

- ## *EMISSIONE DI AUTORIZZAZIONI*

	(name of unit) CLEARS *(aircraft call sign)*	*(nominativo ente)* AUTORIZZA *(nominativo aeromobile)*
	(aircraft call sign) CLEARED TO	*(nominativo aeromobile)* AUTORIZZATI A
	RECLEARED *(amended clearance details)* [REST OF CLEARANCE UNCHANGED]	RIAUTORIZZATI *(dettagli autorizzazione emendata)* [RESTO AUTORIZZAZIONE INVARIATO]
	RECLEARED *(amended route portion)* TO *(significant point of original route)* [REST OF CLEARANCE UNCHANGED]	RIAUTORIZZATI *(parte di rotta emendata)* A *(punto significativo della rotta originale)* [RESTO AUTORIZZAZIONE INVARIATO]
	ENTER CONTROLLED AIRSPACE *(or* CONTROL ZONE) [VIA *(significant point or route)*] AT *(level)* [AT *(time)*]	ENTRATE NELLO SPAZIO AEREO CONTROLLATO *(o* ZONA DI CONTROLLO) [VIA *(punto significativo o rotta)*] A *(livello)* [AI *(orario)*]
	LEAVE CONTROLLED AIRSPACE *(or* CONTROL ZONE) [VIA *(significant point or route)*] AT *(level)* *(or* CLIMBING, *or* DESCENDING)	LASCIATE LO SPAZIO AEREO CONTROLLATO *(o* ZONA DI CONTROLLO) [VIA *(punto significativo o rotta)*] A *(livello)* *(o* IN SALITA, *o* IN DISCESA)
	JOIN *(specify)* AT *(significant point)* AT *(level)* [AT *(time)*]	INSERITEVI *(specificare)* SU *(punto significativo)* A *(livello)* [AI *(orario)*]

- ### INDICAZIONI DI ROTTA E LIMITE DELL'AUTORIZZAZIONE

	FROM *(location)* TO *(location)*	DA *(località)* A *(località)*
	TO *(location)* followed as necessary by: 1) DIRECT; 2) VIA *(route and/or significant points)*; 3) VIA FLIGHT PLANNED ROUTE; 4) VIA *(distance)* DME ARC *(direction)* OF *(name of DME station)*.	A *(località)* seguito ove necessario da: 1) DIRETTO; 2) VIA *(rotta e/o punti significativi)*; 3) VIA ROTTA PIANIFICATA; 4) VIA *(distanza)* ARCO DME *(direzione)* DA *(nominativo stazione DME)*.
	(level or route) NOT AVAILABLE DUE *(reason)* ALTERNATIVE[S] IS/ARE *(routes)*. ADVISE	*(livello o rotta)* NON DISPONIBILE CAUSA *(motivi)* ALTERNATIVA[E] È/SONO *(rotte)*. AVVISATE

- ### MANTENIMENTO DI SPECIFICI LIVELLI

	MAINTAIN *(level)* [TO *(significant point)*]	MANTENETE *(livello)* [FINO A *(punto significativo)*]
	MAINTAIN *(level)* UNTIL PASSING *(significant point)*	MANTENETE *(livello)* FINO A PASSARE *(punto significativo)*
	MAINTAIN *(level)* UNTIL *(minutes)* AFTER PASSING *(significant point)*	MANTENETE *(livello)* FINO A *(minuti)* DOPO AVER PASSATO *(punto significativo)*
	MAINTAIN *(level)* UNTIL *(time)*	MANTENETE *(livello)* FINO AI *(orario)*
	MAINTAIN *(level)* UNTIL ADVISED BY *(name of unit)*	MANTENETE *(livello)* FINO A QUANDO AVVISATI DA *(nominativo ente)*

	MAINTAIN *(level)* UNTIL FURTHER ADVISED	MANTENETE *(livello)* FINO AD ULTERIORE AVVISO
	MAINTAIN *(level)* WHILE IN CONTROLLED AIRSPACE	MANTENETE *(livello)* MENTRE SIETE ENTRO SPAZI AEREI CONTROLLATI
	MAINTAIN BLOCK *(level)* TO *(level)*	MANTENETE BLOCCO DA *(livello)* A *(livello)*

• *SPECIFICAZIONI RELATIVE AI LIVELLI DI CROCIERA*

	CROSS *(significant point)* AT *(or* ABOVE, or BELOW) *(level)*	ATTRAVERSATE *(punto significativo)* A *(o* AL DI SOPRA, *o* AL DI SOTTO) *(livello)*
	CROSS *(significant point)* AT *(time)* or LATER *(or* BEFORE) AT *(level)*	ATTRAVERSATE *(punto significativo)* AI *(orario)* o DOPO *(o* PRIMA) A *(livello)*
	CRUISE CLIMB BETWEEN *(levels)* *(or* ABOVE *(level))*	EFFETTUATE CRUISE CLIMB TRA *(livelli)* *(o* SOPRA) *(livello)*
	CROSS *(distance)* MILES, (GNSS *or* DME) [*(direction)*] OF *(name of DME station)* or *(distance)* [*(direction)*] OF *(significant point)* AT *(or* ABOVE *or* BELOW) *(level)*	ATTRAVERSATE *(distanza)* MIGLIA, (GNSS *o* DME) [*(direzione)*] DI *(nominativo stazione DME)* o *(distanza)* [*(direzione)*] DI *(punto significativo)* A *(o* AL DI SOPRA, *o* AL DI SOTTO) *(livello)*

• *DISCESA DI EMERGENZA*

	EMERGENCY DESCENT *(intentions)*	DISCESA DI EMERGENZA *(intenzioni)*

	ATTENTION ALL AIRCRAFT IN THE VICINITY OF [or AT] *(significant point or location)* EMERGENCY DESCENT IN PROGRESS FROM *(level) (followed as necessary by specific instructions, clearances, traffic information, etc.)*	ATTENZIONE A TUTTI GLI AEROMOBILI NELLE VICINANZE DI [o SU] *(punto significativo o località)* DISCESA DI EMERGENZA IN ATTO DA *(livello) (seguito ove necessario da specifiche istruzioni, autorizzazioni, informazioni di traffico ecc.)*

- **SE L'AUTORIZZAZIONE NON PUÒ ESSERE EMESSA QUANDO RICHIESTA**

	EXPECT CLEARANCE *(or type of clearance)* AT *(time)*	ASPETTATEVI AUTORIZZAZIONE *(o il tipo di autorizzazione)* AI *(orario)*

- **QUANDO L'AUTORIZZAZIONE PER UNA DEVIAZIONE NON PUÒ ESSERE EMESSA**

	UNABLE, TRAFFIC *(direction)* BOUND *(type of aircraft) (level)* ESTIMATED *(or* OVER*) (significant point)* AT *(time)* CALL SIGN *(call sign)* ADVISE INTENTIONS	IMPOSSIBILE, TRAFFICO VERSO *(direzione) (tipo di aeromobile) (livello)* STIMATO *(o* SU*) (punto significativo)* AI *(orario)* NOMINATIVO *(nominativo)* RIPORTATE INTENZIONI

- **ISTRUZIONI DI SEPARAZIONE**

	CROSS *(significant point)* AT *(time)* [OR LATER *(or* OR BEFORE*)]*	ATTRAVERSATE *(punto significativo)* AI *(orario)* [O DOPO *(o* O PRIMA*)]*

	ADVISE IF ABLE TO CROSS *(significant point)* AT *(time or level)*	AVVISATE SE ABILI AD ATTRAVERSARE *(punto significativo)* A *(orario o livello)*
	MAINTAIN MACH *(number)* [OR GREATER *(or* OR LESS)] [UNTIL *(significant point)*]	MANTENETE MACH *(numero)* [O PIÙ *(o* O MENO)] [FINO A *(punto significativo)*]
	DO NOT EXCEED MACH *(number)*	NON SUPERATE MACH *(numero)*
	CONFIRM ESTABLISHED ON THE TRACK BETWEEN *(significant point)* AND *(significant point)* [WITH ZERO OFFSET]	COFERMATE STABILIZZATI SULLA ROTTA TRA *(punto significativo)* E *(punto significativo)*[CON ZERO OFFSET]
	ESTABLISHED ON THE TRACK BETWEEN *(significant point)* AND *(significant point)* [WITH ZERO OFFSET]	STABILIZZATI SULLA ROTTA TRA *(punto significativo)* AND *(punto significativo)* [CON ZERO OFFSET]
	MAINTAIN TRACK BETWEEN *(significant point)* AND *(significant point)*. REPORT ESTABLISHED ON THE TRACK	MANTENETE LA ROTTA TRA *(punto significativo)* E *(punto significativo)*. RIPORTATE STABILIZZATI SULLA ROTTA
	ESTABLISHED ON THE TRACK	STABILIZZATI SULLA ROTTA
	CONFIRM ZERO OFFSET	CONFERMATE ZERO OFFSET
	AFFIRM ZERO OFFSET	AFFERMO ZERO OFFSET

- **ISTRUZIONI ASSOCIATE ALLA PERCORRENZA DI UNA ROTTA (OFFSET), PARALLELA ALLA ROTTA AUTORIZZATA**

	ADVISE IF ABLE TO PROCEED PARALLEL OFFSET	AVVISATE SE ABILI A PROCEDERE OFFSET PARALLELO
	PROCEED OFFSET *(distance)* RIGHT/LEFT OF *(route) (track)* [CENTRE LINE] [AT *(significant point or time)*] [UNTIL *(significant point or time)*]	PROCEDETE OFFSET *(distanza)* A DESTRA/SINISTRA [DELL"ASSE] DELLA *(rotta) (percorso)* [SU/AI *(punto significativo o orario)*] [FINO A/AI *(punto significativo o orario)*]
	CANCEL OFFSET *(instructions to rejoin cleared flight route or other information)*	CANCELLATE OFFSET *(istruzioni per reinserirsi sulla rotta autorizzata o altre informazioni)*

FRASEOLOGIA UTILIZZATA NEL COORDINAMENTO TRA ENTI ATS

- ## *STIMATI E REVISIONI*

	ESTIMATE [*direction of flight*] *(aircraft call sign)* [SQUAWKING *(SSR code)*] *(type)* ESTIMATED *(significant point) (time) (level) (or* DESCENDING FROM *(level)* TO *(level))* [SPEED *(filed TAS)*] *(route)* [REMARKS]	STIMATO [*direzione di volo*] *(nominativo aeromobile)* [SQUAWKING *(codice SSR)*] *(tipo)* STIMATO *(punto significativo) (orario) (livello)* (o IN DISCESA DA *(livello)* [VELOCITÀ *(TAS pianificata)*] *(rotta)* [NOTE]
... ente che trasmette	ESTIMATE *(significant point)* ON *(aircraft call sign)*	STIMATO *(punto significativo)* DI *(nominativo aeromobile)*
... risposta dell"ente che riceve (se i dettagli del piano di volo non sono disponibili)	NO DETAILS	NESSUN DETTAGLIO
... risposta dell"ente che riceve (se i dettagli del piano di volo sono disponibili)	*aircraft type) (destination)*	*(tipo aeromobile) (destinazione)*
... risposta dell"ente che trasmette	SQUAWKING *(SSR code)*] [ESTIMATED] *(significant point) (time)* AT *(level)*	SQUAWKING *(codice SSR)*] [STIMATO] *(punto significativo) (orario)* A *(livello)*
stimato	ESTIMATE UNMANNED FREE BALLOON(S) *(identification and classification)* ESTIMATED OVER *(place)* AT *(time)* REPORTED FLIGHT LEVEL(S) *(figure or figures)* [*or* FLIGHT LEVEL UNKNOWN]	STIMATO PALLONE(I) LIBERO(I) SENZA EQUIPAGGIO *(identificazione e classificazione)* STIMATO SU *(luogo)* AI *(orario)* LIVELLO RIPORTATO(I) *(cifra/e)* [*o* LIVELLO DI VOLO SCONOSCIUTO] IN MOVIMENTO

	MOVING *(direction)* ESTIMATED GROUND SPEED *(figure)* *(other pertinent information, if any)*	*(direzione)* VELOCITÀ AL SUOLO STIMATA *(cifra)* *(altre eventuali informazioni pertinenti)*
revisioni	REVISION *(aircraft call sign)* *(details as necessary)*	REVISIONE *(nominativo aeromobile)* *(dettagli ove necessario)*

- ## *TRASFERIMENTO DI CONTROLLO*

	REQUEST RELEASE OF *(aircraft call sign)*	RICHIEDIAMO RILASCIO DI *(nominativo aeromobile)*
	(aircraft call sign) RELEASED [AT *(time)*] [*conditions/restrictions*]	*(nominativo aeromobile)* RILASCIATO [AI *(orario)*] [*condizioni/restrizioni*]
	IS *(aircraft call sign)* RELEASED [FOR CLIMB (*or* DESCENT)]?	*(nominativo aeromobile)* È RILASCIATO [PER LA SALITA (*o LA* DISCESA)]?
	(aircraft call sign) NOT RELEASED [UNTIL *(time or significant point)*]	*(nominativo aeromobile)* NON È RILASCIATO [FINO AI/A *(orario o punto significativo)*]
	UNABLE *(aircraft call sign)* [TRAFFIC IS *(details)*]	IMPOSSIBILITATI *(nominativo aeromobile)* [IL TRAFFICO È *(dettagli)*]

- ## *CAMBIAMENTO DELL'AUTORIZZAZIONE*

	MAY WE CHANGE CLEARANCE OF *(aircraft call sign)* TO *(details of alteration proposed)?*	POSSIAMO CAMBIARE L"AUTORIZZAZIONE DI *(nominativo aeromobile)* CON *(dettagli della modifica proposta)?*

	AGREED TO *(alteration of clearance)* OF *(aircraft call sign)*	CONCORDIAMO CON *(modifica dell'autorizzazione)* DI *(nominativo aeromobile)*
	UNABLE *(aircraft call sign)*	IMPOSSIBILITATI *(nominativo aeromobile)*
	UNABLE *(desired route, level, etc.)* [FOR *(aircraft call sign)*] [DUE *(reason)*] *(alternative clearance proposed)*	IMPOSSIBILITATI *(rotta, livello desiderati, ecc.)* [PER *(nominativo aeromobile)*] [CAUSA *(motivo)*] *(autorizzazione alternativa proposta)*

- ## *RICHIESTA DI APPROVAZIONE*

	APPROVAL REQUEST *(aircraft call sign)* ESTIMATED DEPARTURE FROM *(significant point)* AT *(time)*	RICHIESTA DI APPROVAZIONE *(nominativo aeromobile)* PARTENZA STIMATA DA *(punto significativo)* AI *(orario)*
	(aircraft call sign) REQUEST APPROVED [*(restriction if any)*]	*(nominativo aeromobile)* RICHIESTA APPROVATA [*(eventuali restrizioni)*]
	(aircraft call sign) UNABLE *(alternative instructions)*	*(nominativo aeromobile)* IMPOSSIBILITATI *(istruzioni alternative)*

- ## *INBOUND RELEASE*

| | [INBOUND RELEASE] *(aircraft call sign)* [SQUAWKING *(SSR code)*] *(type of aircraft)* FROM *(departure point)* RELEASED AT *(significant point, or time, or level)* CLEARED TO AND ESTIMATING *(clearance limit)* *(time)* | [INBOUND RELEASE] *(nominativo aeromobile)* [SQUAWKING *(codice SSR)*] *(tipo aeromobile)* DA *(punto di partenza)* RILASCIATO SU/AI/A *(punto significativo, o orario, o livello)* AUTORIZZATO A *(limite autorizzazione)* CHE STIMA *(orario)* A |

	AT *(level)* [EXPECTED APPROACH TIME *(time) (or* NO DELAY EXPECTED*)]* CONTACT AT *(time)*	*(livello)* [ORARIO PREVISTO DI AVVICINAMENTO *(orario) (o* NESSUN RITARDO PREVISTO)] CONTATTO AI *(orario)*

- **HANDOVER**

	HANDOVER *(aircraft call sign)* [SQUAWKING *(SSR code)]* POSITION *(aircraft position)(level)*	HANDOVER *(nominativo aeromobile)* [SQUAWKING *(codice SSR)]* POSIZIONE *(posizione aeromobile)(livello)*

- **PRONTEZZA DELL'AUTORIZZAZIONE**

	EXPEDITE CLEARANCE *(aircraft call sign)* EXPECTED DEPARTURE FROM *(place)* AT *(time)*	AFFRETTATE AUTORIZZAZIONE *(nominativo aeromobile)* DECOLLO PREVISTO DA *(località)* AI *(orario)*
	EXPEDITE CLEARANCE *(aircraft call sign)* [ESTIMATED] OVER *(place)* AT *(time)* REQUESTS *(level or route, etc.)*	AFFRETTATE AUTORIZZAZIONE *(nominativo aeromobile)* [STIMATO] SU *(località)* AI *(orario)* RICHIEDE *(livello o rotta, ecc.)*

FRASEOLOGIE VARIE

• *FRASEOLOGIA PER L'ALLERTAMENTO*

AVVISO DI BASSA ALTITUDINE	*(aircraft call sign)* LOW ALTITUDE WARNING, CHECK YOUR ALTITUDE IMMEDIATELY, QNH IS *(number)* [*(units)*]. [THE MINIMUM FLIGHT ALTITUDE IS *(altitude)*]	*(nominativo aeromobile)* AVVISO DI BASSA ALTITUDINE, VERIFICATE IMMEDIATAMENTE LA VOSTRA ALTITUDINE, IL QNH È *(numero)* [*(unità di misura)*]. [L'"ALTITUDINE MINIMA DI VOLO È *(altitudine)*]
ALLARME PER VICINANZA CON IL TERRENO	*aircraft call sign)* TERRAIN ALERT, *(suggested pilot action, if possible)*	*(nominativo aeromobile)* ALLARME VICINANZA TERRENO, *(azione suggerita, se possibile)*

• *FRASEOLOGIA PER GLI EQUIPAGGI DI VOLO E DI TERRA*

PROCEDURE PER LA MESSA IN MOTO (EQUIPAGGIO DI TERRA/CABINA)	[ARE YOU] READY TO START UP?	[SIETE] PRONTI ALLA MESSA IN MOTO?
	STARTING NUMBER *(engine number(s))*	METTIAMO IN MOTO IL NUMERO *(numero(i) motore)*
PROCEDURE PER IL *PUSH-BACK* …(equipaggio di terra/cabina)	ARE YOU READY FOR PUSH-BACK?	SIETE PRONTI PER IL PUSH-BACK?
	READY FOR PUSH-BACK	PRONTI PER IL PUSH-BACK
	CONFIRM BRAKES RELEASED	CONFERMATE FRENI SBLOCCATI
	BRAKES RELEASED	FRENI SBLOCCATI

Inizio spinta	COMMENCING PUSH-BACK	INIZIAMO IL PUSH-BACK
	PUSH-BACK COMPLETED	PUSH-BACK COMPLETATO
	STOP PUSH-BACK	INTERROMPETE IL PUSH-BACK
	CONFIRM BRAKES SET	CONFERMATE FRENI INSERITI
	BRAKES SET	FRENI INSERITI
	DISCONNECT	DISCONNETTETE
	DISCONNECTING, STAND BY FOR VISUAL AT YOUR LEFT (*or* RIGHT)	DISCONNESSIONE, STAND BY PER SEGNALE VISIVO ALLA VOSTRA SINISTRA (*o* DESTRA)

- ## *FRASEOLOGIA DA UTILIZZARE IN PRESENZA DI WIND SHEAR*

...per informare della presenza di *wind shear* riportata da un altro aeromobile in volo	AT *(time)* DEPARTING (*or* LANDING) *(type of aircraft)* REPORTED WINDSHEAR AT *(level)*. AIRSPEED LOSS *(number)* KNOTS, STRONG (*or* MEDIUM *or* WEAK), RIGHT (*or* LEFT) DRIFT	AI *(orario) (tipo aeromobile)* IN DECOLLO (*o* IN ATTERRAGGIO) HA RIPORTATO WINDSHEAR A *(livello)*. PERDITA DI VELOCITÀ ALL"ARIA *(numero)* NODI, FORTE (*o* MEDIA *o* DEBOLE), DERIVA A DESTRA (*o* SINISTRA)

- ## *FRASEOLOGIA RELATIVA AL CPDLC*

... avaria del CPDLC	[ALL STATIONS] CPDLC FAILURE *(instructions)*	[A TUTTE LE STAZIONI] AVARIA CPDLC *(istruzioni)*
...avaria di un singolo messaggio CPDLC	CPDLC MESSAGE FAILURE *(appropriate clearance, instruction, information or request)*	AVARIA MESSAGGIO CPDLC *(appropriata autorizzazione, istruzione, informazione o richiesta)*

... per correggere le autorizzazioni, le istruzioni, le informazioni o le richieste CPDLC	DISREGARD CPDLC *(message type)* MESSAGE, BREAK *(correct clearance, instruction, information or request)*	DISREGARD MESSAGGIO CPDLC *(tipo messaggio)*, BREAK *(corretta autorizzazione, istruzione, informazione o richiesta)*
... per istruire tutte le stazioni o un volo specifico ad interrompere l'"invio di richieste CPDLC per un periodo di tempo limitato	[ALL STATIONS] STOP SENDING CPDLC REQUESTS [UNTIL ADVISED] *[(reason)]*	[A TUTTE LE STAZIONI] INTERROMPETE INVIO RICHIESTE CPDLC [FINO A NUOVO AVVISO] *[(motivo)]*
...per riprendere il normale uso del CPDLC	[ALL STATIONS] RESUME NORMAL CPDLC OPERATIONS	[A TUTTE LE STAZIONI] RIPRENDETE NORMALI OPERAZIONI CPDLC

FRASEOLOGIA RADIOTELEFONICA MILITARE

Negli ultimi anni, sempre più traffici militari vengono gestiti dal servizio del traffico aereo civile. La fraseologia di seguito riportata è tratta dai documenti pubblicati dall'Aeronautica Militare ed è inoltre utilizzata oltre che dagli aeromobili militari anche dagli aeromobili in volo di collaudo/sperimentazione.

- ## *SISTEMI DI ARRESTO*

SISTEMI DI ARRESTO A BARRIERA

…per indicare che la barriera è stata alzata	BARRIER UP	BARRIERA IN POSIZIONE
…per indicare che la barriera è abbassata	BARRIER DOWN	BARRIERA ABBASSATA
…per richiedere la barriera in una specifica posizione	REQUEST BARRIER UP [or DOWN]	RICHIEDIAMO BARRIERA IN POSIZIONE [o ABBASSATA]
…per richiedere lo stato della barriera	REQUEST BARRIER STATE	RICHIEDIAMO STATO DELLA BARRIERA
…per indicare che la barriera è nella posizione dio attesa e che può essere attivata a comando	BARRIER STAND BY	BARRIERA IN STAND BY
…per indicare che la barriera non è disponibile	BARRIER UNSERVICEABLE	BARRIERA NON DISPONIBILE
…per richiedere il sistema di arresto o per indicare l'"avvenuto impegno dello stesso	BARRIER, BARRIER, BARRIER	BARRIER, BARRIER, BARRIER

SISTEMI DI ARRESTO A CAVO

…per indicare che il cavo è in posizione e pronto	[OVERRUN (or APPROACH)] CABLE UP	CAVO [FINE (o INIZIO) PISTA] IN POSIZIONE
…per indicare che il cavo, pur essendo in posizione, è abbassato (ossia, privo dei gommini di sollevamento)	[OVERRUN (or APPROACH)] CABLE DOWN	CAVO [FINE (o INIZIO) PISTA] ABBASSATO

…per indicare che il cavo, è sganciato e fuori dalla pista, il tempo necessario a metterlo in posizione (o l''eventuale non disponibilità dello stesso)	[OVERRUN (or APPROACH)] CABLE DERIGGED [AVAILABLE IN (number) MINUTES (or UNSERVICEABLE)]	CAVO [FINE (o INIZIO) PISTA] SGANCIATO [DISPONIBILE IN (numero) MINUTI (o NON DISPONIBILE)]
…per richiedere il sistema di arresto o per indicare l''avvenuto aggancio	CABLE, CABLE, CABLE	CABLE, CABLE, CABLE
…per richiedere di verificare che il gancio sia esteso nel caso il pilota abbia segnalato l''intenzione di ingaggiare il cavo	CHECK HOOK DOWN	VERIFICATE GANCIO GIÙ
…per confermare che il carrello e il gancio sono estesi	GEAR AND HOOK DOWN	CARRELLO E GANCIO GIÙ
…per indicare la posizione del cavo (ed il tipo, se richiesto), nel caso non sia pubblicato nelle pubblicazioni di informazioni aeronautiche, se richiesto o se il pilota si dimostra non familiare con l''aeroporto	[type of cable] CABLE (distance from threshold) FEET (if available or specifically requested, also in meters) FROM THRESHOLD RUNWAY (number)	CAVO [tipo di cavo] (distanza dalla soglia pista) PIEDI (se disponibile o specificamente richiesto, anche in metri) DALLA SOGLIA PISTA (numero)

CHIUSURA E APERTURA PISTA A SEGUITO DI INGAGGIO DEL CAVO

…per indicare che la pista è chiusa	RUNWAY (number) CLOSED [DUE ARRESTING GEAR ENGAGEMENT] [EXPECT TO RESUME OPERATIONS IN (number) MINUTES]	PISTA (numero) CHIUSA [CAUSA INGAGGIO SISTEMA D''ARRESTO] [ASPETTATE LA RIPRESA DELLE OPERAZIONI IN (numero) MINUTI]

...per indicare che la pista è stata riaperta	RUNWAY (number) OPEN [RESUMING NORMAL OPERATIONS] [followed, if necessary, with updated information regarding availability of arresting systems]	PISTA (numero) APERTA [RIPRENDIAMO LE NORMALI OPERAZIONI] [seguito, se necessario, da indicazioni aggiornate sulla disponibilità dei sistemi di arresto]

- **CIRCUITO JET**

INSERIMENTO NEL CIRCUITO JET (OVERHEAD PATTERN)	JOIN INITIAL RUNWAY (number)	INSERITEVI ALL"INIZIALE PISTA (numero)
...nel caso sia necessario specificare il livello a cui effettuare il circuito e/o la direzione in cui effettuare l"apertura (se non standard)	PATTERN ALTITUDE (number) FEET [RIGHT HAND BREAK]	ALTITUDINE CIRCUITO (numero) PIEDI [APERTURA A DESTRA]
SUL PUNTO INIZIALE	REPORT INITIAL (aircraft call sign) INITIAL	RIPORTATE INIZIALE (nominativo aeromobile) INIZIALE
	TRAFFIC (information regarding departing or traffic in circuit)	TRAFFICO (informazioni sul traffico in partenza o nel circuito)
...nel caso sia necessario, per motivi di traffico, richiedere una modifica del circuito	BREAK AT MIDFIELD (or AT THE END OF RUNWAY, or NOW)	EFFETTUATE L"APERTURA A METÀ PISTA (o A FINE PISTA, o ORA)
	STAND BY TO BREAK	STAND BY PER L"APERTURA
	REPORT BREAK	RIPORTATE APERTURA
ALL"APERTURA	ON THE BREAK	SULL"APERTURA

	[TRAFFIC *(updated information regarding traffic in circuit)*] REPORT FINAL GEAR DOWN	[TRAFFICO *(aggiornamento sul traffico nel circuito aeroportuale)*] RIPORTATE FINALE CARRELLO GIÙ
	CHECK GEAR DOWN [AND LOCKED]	VERIFICATE CARRELLO GIÙ [E BLOCCATO]

• *PROCEDURA FLAME-OUT/ATTERRAGGIO FORZATO*

…per richiedere di effettuare una procedura simulata di "atterraggio forzato" (FPL-Forced Practice Landing) o di *flame-out* (SFO-Simulated Flame Out)	*(position) (level)* REQUEST PRACTICE FORCED LANDING *(or* SIMULATED FLAME-OUT), [INFORMATION *(code letter)*], *(number)* POB4 [*or* PERSONS ON BOARD]	*(posizione) (livello)* CHIEDIAMO UNA PROCEDURA SIMULATA DI ATTERRAGGIO FORZATO *(o* FLAME-OUT), [INFORMAZIONE *(lettera del codice)*], *(numero)* PERSONE A BORDO
…in situazione di *flame-out* reale	*(position) (level)* MAYDAY (preferably spoken three times) FLAME-OUT RECOVERY [INFORMATION *(code letter)*], *(number)* POB [*or* PERSONS ON BOARD]	*(posizione) (livello)* MAYDAY (preferibilmente ripetuto tre volte) FLAME-OUT RECOVERY [INFORMAZIONE *(lettera del codice)*], *(numero)* PERSONE A BORDO
…se non diversamente stabilito o ritenuto preferibile, la spirale deve essere effettuata nella stesso verso del circuito di traffico	INDICATING OVERHEAD. COMMENCE SPIRAL LEFT *(or* RIGHT)	SIETE SULLA VERTICALE. INIZIATE LA SPIRALE A SINISTRA *(o* DESTRA)
…se ritenuto necessario avere riporti continui di posizione e livello (ad esempio, se il circuito non è in copertura radar	REPORT PASSING CARDINAL HEADINGS WITH ALTITUDE *(or* HEIGHT)	RIPORTATE PASSANDO LE PRUE CARDINALI CON L"ALTITUDINE *(o* ALTEZZA)

	PASSING NORTH (*or* EAST, SOUTH, WEST)	PASSANDO PRUA NORD (*o* EST, SUD, OVEST)
…per correggere un aeromobile che si stia allontanando eccessivamente dalla verticale del campo	STOP TURN [HEADING *(three digits)*]	FERMATE LA VIRATA [SU PRUA *(tre cifre)*]
	RECOMMENCE SPIRAL LEFT (*or* RIGHT)	RICOMINCIATE LA SPIRALE A SINISTRA (*o* DESTRA)
	REPORT BREAKING CLOUD	RIPORTATE FUORI DALLE NUBI
	BREAKING CLOUD	SIAMO FUORI DALLE NUBI
	APPROACHING SAFETY ALTITUDE (*or* HEIGHT)	STATE AVVICINANDO L"ALTITUDINE (*o* ALTEZZA) DI SICUREZZA
…se al raggiungimento della minima altitudine/altezza di sicurezza l"aeromobile non ha stabilito il contatto visivo necessario per continuare la procedura	MAINTAIN ALTITUDE (*or* HEIGHT) AND REPORT AERODROME IN SIGHT	MANTENETE L"ALTITUDINE (*o* ALTEZZA) E RIPORTATE L"AEROPORTO IN VISTA
	AERODROME IN SIGHT	AEROPORTO IN VISTA
PROCEDURA "FLAME-OUT" IN CONDIZIONI VMC	REPORT HIGH KEY	RIPORTATE ALTA CHIAVE
	REPORT LOW KEY	RIPORTATE BASSA CHIAVE
	REPORT FINAL GEAR DOWN [AND LOCKED]	RIPORTATE FINALE CARRELLO GIÙ [E BLOCCATO]

- ## *DISCESA A BASSISSIMA QUOTA*

	REQUEST DESCENT TO *(height/altitude/safety altitude, other pilot interpreted terrain safe level or height)*	CHIEDIAMO DI SCENDERE A *(altezza/altitudine/altitudine di sicurezza o altri livelli o altezze di sicurezza dal terreno computati dal pilota)*
	TAKING YOUR OWN TERRAIN CLEARANCE, DESCENT APPROVED	PROVVEDENDO ALLA PROPRIA SEPARAZIONE DAL TERRENO, DISCESA APPROVATA
	MY OWN TERRAIN CLEARANCE, DESCENT APPROVED *(safety altitude or height)*	PROVVEDIAMO ALLA PROPRIA SEPARAZIONE DAL TERRENO, DISCESA APPROVATA *(altitudine o altezza di sicurezza)*

- ## *AUTORIZZAZIONI ALL'ATTERRAGGIO PER LE FORMAZIONI*

…riporto in base o finale del numero uno	*(call sign)* ONE, BASE *(or* FINAL) GEAR DOWN [*(intentions)*]	*(nominativo)* UNO, BASE *(o* FINALE), CARRELLO GIÙ [*(intenzioni)*]
…autorizzazione al numero uno	*(call sign)* ONE, RUNWAY *(number)*, CLEARED TO LAND *(or* TOUCH AND GO, *or* LOW APPROACH)	*(nominativo)* UNO, PISTA *(numero)* AUTORIZZATI ALL"ATTERRAGGIO *(o* AL TOUCH AND GO, *o* AL BASSO AVVICINAMENTO)
…riporto in base o finale del numero due	*(call sign)* NUMBER TWO, BASE *(or* FINAL) GEAR DOWN [*(intentions)*]	*(nominativo)* NUMERO DUE, BASE *(o* FINALE), CARRELLO GIÙ [*(intenzioni)*]
…autorizzazione al numero due	*(call sign)* NUMBER TWO, RUNWAY *(number)*, CLEARED TO LAND *(or* TOUCH AND GO, *or* LOW APPROACH)	*(nominativo)* NUMERO DUE, PISTA *(numero)* AUTORIZZATI ALL"ATTERRAGGIO *(o* AL TOUCH AND GO, *o* AL BASSO AVVICINAMENTO)

- ## *AVVICINAMENTO DI UNA FORMAZIONE IN TRAILS*

...per richiedere l''avvicinamento *in trails*	REQUEST TRAILS APPROACH [*(number)* AIRCRAFT *or* ELEMENTS] *(number)* MILES SEPARATION BETWEEN AIRCRAFT (*or* ELEMENTS*)*	CHIEDIAMO AVVICINAMENTO IN TRAILS [*(numero)* AEROMOBILI *o* ELEMENTI] *(numero)* MIGLIA DI SEPARAZIONE TRA GLI AEROMOBILI (*o* ELEMENTI*)*
...per approvare l''avvicinamento *in trails*	TRAILS APPROACH APPROVED	AVVICINAMENTO IN TRAILS APPROVATO

- ## *EIEZIONE DALL'AEROMOBILE*

...per indicare l''intenzione di attivare i sistemi di eiezione dall''aeromobile	EJECT EJECT EJECT	ESPULSIONE ESPULSIONE ESPULSIONE

RADIOTELEFONIA AERONAUTICA

PARTE PRATICA

INTRODUZIONE

Le Procedure al Suolo per la Partenza
Il Primo Contatto

Nel corso del primo contatto si effettua normalmente la prova radio.
La risposta dell'ATC conterrà anche una misurazione della qualità di
ricezione riferita alla scala di intelligibilità, nonché lo "stop orario" (time
check), che consiste nel fornire al pilota l'orario corrente riferito al GMT.
Nel mondo dell'aviazione, tutti gli orologi sono sincronizzati sul GMT.

Esempio.

> ➤ *Pilota: "Olbia Ground, buon giorno da I-AAAA";*
> ➤ **ATC: "I-AAAA, Olbia Ground buon giorno";**
> ➤ *Pilota: "I-AAAA richiede stop orario e prova radio";*
> ➤ **ATC: "I-AA stop orario ai 13:27, vi riceviamo 5".**

Da notare che nell'ultimo messaggio ATC il controllore ha abbreviato il
nominativo del velivolo, ciò è facoltà esclusiva del controllore e solo di
quest'ultimo.

*Nota: chiamata intera "India Alpha Alpha Alpha Alpha" .chiamata
abbreviata: "India Alpha Alpha".*

L'aeromobile potrà utilizzare il nominativo abbreviato (I-AA) solo dopo
che sarà stato l'ente ad abbreviarlo.

Le espressioni di cortesia quali Grazie, Ciao, Alla prossima, ecc. non
dovrebbero di norma essere utilizzate, ma la giornata con un Buongiorno
inizia meglio.

I Movimenti a Terra (VFR)

Per i voli VFR non è richiesta l'autorizzazione alla messa in moto; il
velivolo contatterà l'ATC quando pronto per il rullaggio.

Prima di richiedere l'autorizzazione al rullaggio è bene accertarsi che
l'ATC abbia ricevuto il piano di volo citando la destinazione ed il tipo di

aeromobile (se piano di volo presentato), qualora si voli senza piano di volo specificarlo nella prima chiamata (*"richiesta di piani di volo abbreviato"*)

Nel rilasciare l'autorizzazione il controllore dovrà fornire al pilota la pista in uso, il vento al suolo ed il QNH.

A questo punto il pilota dovrà effettuare il read-back, ovvero la ripetizione dei dati salienti.
Si tenga presente che le informazioni di pressione e pista in uso vanno sempre ripetute. Su richiesta del pilota potrà anche essere fornito il METAR completo dell'aeroporto di partenza.

esempio di contatto radio VFR:

> ➤ *Pilota: "Olbia Ground buona sera da I-AAAA".*
> ➤ **ATC: "I-AAAA buona sera, Olbia Ground, stop orario 13:15, riceviamo 5"**
> ➤ *Pilota: "I-AAAAA, C172 con piano di volo VFR per Alghero pronto a rullare.*
> ➤ ***ATC: "I-AA Olbia, rulli via Foxtrot Tango punto attesa Delta pista 05, vento080° 7 nodi, QNH1009. ".***
> ➤ *Pilota (read back): "rullo via Foxtrot Tango punto attesa Delta pista 05, QNH 1009, I-AA.*

Nota: quando il pilota inizia la comunicazione, esso si presenta indicando il proprio nominativo seguito dal messaggio. Quando ATC contatta un aeromobile, quest'ultimo risponderà e inserirà il proprio nominativo alla fine del messaggio.

Si può notare come il read back fornisca all'ATC la sicurezza di essere stato compreso.

> ➤ *Pilota: "I-AA chiede l'autorizzazione al rullaggio"*
> ➤ **ATC: "I-AA mantenga posizione oppure stand-by"**
> ➤ *Pilota: "I-AA Roger, richiediamo ultimo METAR di Alghero"*
> ➤ **ATC: "I-AA l'ultimo di Alghero delle 12 e 50 ZULU riporta: Vento 200° 7 nodi, visibilità 7000m, Broken a 2500 ft, Temperatura 15° Rugiada 3° QNH 1009"**
> ➤ *Pilota (read back): "copiato Alghero, QNH 1009, I-AA"*
> ➤ **ATC: "I-AA *rulli via Foxtrot Tango punto attesa Delta pista 05, vento080° 7 nodi, QNH1009"***

➤ *Pilota (read back): "I-AA, rullo Foxtrot Tango punto attesa Delta pista 06, QNH 1009, I-AA"*

➤ **ATC: "I-AA negativo, riporti punto attesa Delta pista 05"**

➤ *Pilota: "ricevuto, riporterò punto attesa Delta pista 05"*

➤ **ATC: "I-AA corretto ".**

Nota: quando l'ATC o il pilota utilizza l'espressione Stand-By, si devono interrompere tutte le comunicazioni radio e attendere la successiva chiamata da parte dell'ATC o pilota.

Giunto al punto attesa, il pilota dovrà riportare la sua posizione.
Se, come in questo caso, il servizio "Ground" è attivo, il pilota dovrà prima del decollo cambiare frequenza e sintonizzarsi con la "Torre", ma solo dopo che l'ente "Ground" ha istruito il pilota a contattare la Frequenza di Torre.

Se è già in contatto con la Torre comunicherà quando pronto per la partenza.

Nota: Il pilota, non dovrà mai entrare in pista, senza espressa autorizzazione da parte della Torre.

Note: l'espressione "decollo" è utilizzata esclusivamente quando si riceve l'autorizzazione al decollo, per tutto il resto si utilizza l'espressione "partenza".

➤ *Pilota: "I-AA punto attesa Delta pista 05"*

➤ **ATC: "I-AA contatti Olbia Torre 125.975**

➤ *Pilota: "Olbia torre 125.975 a risentirci I-AA".*

Ricordiamo che i velivoli in rullaggio <u>devono sempre</u> ottenere l'autorizzazione prima di attraversare le piste di volo attive.

Ai traffici IFR viene fornita in aggiunta la "clearance ATC", subito dopo la messa in moto o al più tardi, durante il rullaggio.

➤ *Pilota: "Alitalia 177 punto attesa Delta pista 05";*

➤ **ATC: "Alitalia 177 contati la Torre 125.975 buonasera";**

➤ *Pilota: "Alitalia 177 contatta la Torre 125.975, buona sera".*

Decollo e Uscita Dall'ATZ
volo VFR

Il velivolo VFR, durante l'intera permanenza nella Zona di Traffico Aeroportuale (ATZ), resterà in contatto con la Torre.

L'aeromobile, dopo il decollo, procederà autonomamente rispettando gli eventuali "cancelli di uscita" riportati sulle carte aeronautiche per inserirsi nelle rotte standard VFR (se previste).

Se l'aeroporto si trova in uno spazio aereo non controllato, il velivolo continuerà a sua discrezione, con l'obbligo tuttavia di riportare la propria posizione in corrispondenza dei punti indicati nel piano di volo.

La procedura di partenza, ha inizio quando l'aereo contatta la Torre in posizione di attesa per la pista in uso:

> ➤ *Pilota: "Olbia Torre, buon giorno I-AAAA";*
> ➤ **ATC: "I-AAAA, buon giorno, Olbia Torre";**
> ➤ *Pilota: "I-AAAA posizione attesa Delta pista 05, pronto alla partenza.*

A questo punto illustriamo le comunicazioni relative ad alcune situazioni possibili:

1) indisponibilità della pista in uso per traffico in finale;
2) indisponibilità della pista in uso per traffico in decollo;
3) disponibilità della pista in uso.

Punto 1) l'ATC istruirà il velivolo a mantenere la propria posizione:

> ➤ **ATC: "I-AA Negativo in attesa, traffico in finale";**
> ➤ *Pilota: "Roger I-AA".*

Punto 2) autorizzazione ad allinearsi subito dopo il movimento del traffico in decollo. Il velivolo entrerà dunque in pista e si fermerà allineato in attesa dell'autorizzazione al decollo.

> ➤ **ATC: "I-AA allineamento e attesa pista 05";**
> ➤ *Pilota: "Allineamento e attesa pista 05, I-AA".*

Il pilota non dovrà riportare quando sarà allineato, bensì aspettare la
successiva autorizzazione al decollo.

Punto 3) Verrà rilasciata direttamente l'autorizzazione al decollo. Questa deve tassativamente contenere la ripetizione della pista in uso, i dati del vento e l'esplicita espressione: "autorizzato al decollo". Il pilota che viene autorizzato deve effettuare il read back che contenga l'espressione: "autorizzato al decollo"

> **ATC: "I-AA pista 05 autorizzato al decollo, vento 080° 4 nodi";**
> *Pilota (read back): "pista 05 Autorizzato al decollo, I-AA".*

Dopo il decollo:

> **ATC: "I-AA decollato ai 09, riporti lasciando l'ATZ";**
> *Pilota: "riporterà I-AA".*

Giunto sul "cancello di uscita":

> *Pilota: "I-AA lascia l'ATZ";*
> **ATC: "I-AA contatti Roma Informazioni frequenza 125.75, buongiorno";**
> *Pilota: "Contatta Roma Informazioni frequenza 125.75, buon giorno I-AA".*

Il Volo In Rotta
FIC

VFR: VOLO IN CROCIERA
Il volo che si svolge nel rispetto delle regole VFR entro spazi aerei non controllati, prevede riporti di posizione nei punti indicati sul piano di volo, o comunque entro e ogni 30'.

Qualora il volo preveda l'attraversamento di uno spazio controllato, il pilota deve contattare il relativo ente e chiedere l'autorizzazione all'ingresso almeno 10' prima di interessare lo spazio aereo.

Il Cessna 206 IAAAA, decollato da Olbia con un piano di volo VFR per Alghero, ha lasciato il CTR sulla verticale di Calangianus, punto di uscita standard.

Contatta Roma ed effettua le seguenti comunicazioni:

> *Pilota: "Roma Informazioni buongiorno I-AAAA";*
> **FIC: "I-AAAA buon giorno Roma Informazioni stop orario 15:17 Qnh 1013";**
> *Pilota: "I-AAAA Cessna 206 con piano di volo VFR da Olbia per Alghero, attualmente ha lasciato Calangianus , 3000 piedi inbound Sassari che stimiamo ai 45"*
> **FIC: "I-AA ricevuto, riporti Sassari";**
> *Pilota: "Farà I-AA".*

Giunto su Sassari il nostro cessna continuerà ad operare in spazi non controllati, fin quando non si troverà in prossimità dei limiti del CTR di Alghero. Il pilota a questo punto, dovrà contattare Alghero Avvicinamento per l'attraversamento dello spazio aereo controllato:

> *Pilota: "Roma Informazioni, I-AA prossimo a Sassari 3000ft, lascia con voi e contatta Alghero";*
> **FIC: "Ricevuto, I-AA contatti Alghero avvicinamento 128.55 buona giornata".**
> *Pilota: "Alghero Avvicinamento, buon giorno I-AAAA";*
> **ATC: "I-AAAA Alghero Avvicinamento buon giorno";**
> *Pilota: "I-AAAA diretto a Alghero, prossimo a Sassari, 3000 piedi in discesa per 1000ft prossimo al CTR stimiamo Olmedo, ai 55";*
> **ATC: "I-AA autorizzato all'ingresso nel CTR, riporti Olmedo 1000ft Qnh 1013";**
> *Pilota: "qnh 1013, Riporterà, I-AA".*

L'Arrivo

VFR: ARRIVO ED INGRESSO NELL'ATZ

Non tutte le ATZ sono inglobate all'interno delle Zone di Controllo (CTR); ad esempio Lugo di Romagna, Marina di Campo, Rieti, l'Aquila Preturo, Salerno, Roma Urbe ecc. hanno solo l' ATZ.

In alcuni casi, l' ATZ non è sede di aerodromo controllato, ovvero, su questi aeroporti non esiste alcun ente ATS.

In questi casi i velivoli VFR effettueranno le operazioni di arrivo, di ingresso in circuito e di atterraggio a propria discrezione, con la tecnica della chiamata all'aria, oppure, qualora l'aerodromo sia sede di ente AFIU a quest'ultimo.

➤ Pilota: "Alghero torre, buon giorno I-AAAA";
➤ ATC: "I-AAAA Alghero Torre buon giorno";
➤ Pilota: "I-AAAA, prossimo a Olmedo, 1000 piedi con campo in vista.
➤ ATC: "I-AA, riporti sottovento destro pista 02 vento 030°15 nodi QNH 1013";
➤ Pilota: "QNH 1013, Riporterà sottovento destro pista 02, I-AA".

Entrando in sottovento destro pista 02.

➤ -Pilota: "Alghero I-AA sottovento destro pista 02"
➤ -ATC: "I-AA, riporti in finale pista 02, numero uno vento 040°10nodi"
➤ -Pilota: "Numero uno riporterà in finale pista 02 I-AA"

Stabilizzando in finale

➤ -Pilota : "Alghero I-AA finale pista 02"
➤ -ATC: "I-AA, in vista della torre, pista 02 autorizzato all'atterraggio vento 040°12 nodi.
➤ -Pilota: "pista 02 autorizzato all'atterraggio I-AA"

Nel caso e per qualsiasi motivo la torre non possa autorizzarvi all'atterraggio darà istruzioni per effettuare il mancato avvicinamento o riattaccata.

➤ ATC: "I-AA riattacchi";
➤ Pilota: "riattacca I-AA".

Dopo la riattaccata l'aereo continuerà il circuito di traffico per riportarsi in sottovento.

Movimentazione al suolo dopo l'Atterraggio

VFR: COMUNICAZIONI FINALI

Quando l'aereo ha rallentato la sua corsa di atterraggio:

> ➤ **ATC: "I-AA, atterrato (al suolo) ai 06, liberi la prima a destra e rulli al parcheggio via Tango Foxtrot parcheggio 504.**
>
> ➤ *Pilota: "libera il primo a destra, via Tango Foxtrot parcheggio 504 I-AA";*

Giunto al parcheggio, ed effettuati gli opportuni controlli, il pilota effettua l'ultimo contatto con l'ATC

> ➤ *Pilota: "I-AA al parcheggio 504 Ciao";*
> ➤ **ATC: "I-AA (chiudiamo con voi ai 20), buona giornata";**
> ➤ *Pilota: "I-AA buona giornata*

PARTE PRATICA

Simulazione di una partenza in VFR.

a/m	**Perugia torre Ultralight IA100 buongiorno, prova radio e stop-orario.** *(Perugia tower buongiorno, ultralight IA100, radio and time check)*
Torre	**Ultralight IA100, Perugia buongiorno, stop orario 11:05 riceviamo 4 su 5, ("conferma VDS Avanzato?")** *(Ultralight IA100, Perugia tower buongiorno, time check 11:05 read you 4,(" confirm Ultralight advanced?")*
a/m	**Ultralight IA100, ("conferma VDS avanzato"), al parcheggio pronto a rullare, destinazione Roma Urbe, chiede un piano di volo abbreviato siamo due a bordo con 4 ore di autonomia** *(ultralight IA100, ("affirm advanced"), parking stand ready for taxi destination Roma Urbe, for abbreviated flight plan, we are 2 people on board with 4 hours of endurance)*
Torre	**Ultralight IA100, rulli via Tango (T) Alpha (A) al punto attesa pista 19, vento da 350° 8 nodi il QNH 1015.** *(Ultralight IA100, taxi via Tango Alpha to holding point runway 19, wind 350°8Knots, QNH1015)*
a/m	**Rulliamo via Tango Alpha al punto attesa pista 19, QNH 1015, Ultralight IA100.** *(taxi via Tango Alpha to holding point runway 19, QNH1015, Ultralight IA100)*
a/m	**Perugia torre Ultralight IA100 al punto attesa Alpha pista 19 pronto alla partenza.** *(Perugia tower, ultralight IA100, holding point alpha runway 19, ready for departures)*
Torre	**Ultralight IA100, pista 19 autorizzato al decollo, vento 350° 8 nodi.** *(ultralight IA100, runway 19, cleared for take off, wind 350°8Knots)*
a/m	**Pista 19, autorizzato al decollo Ultralight IA100.** *(runway 19, cleared for take off, ultralight IA100)*
Torre	**Ultralight IA100, in volo agli 13, riporti Todi 2500ft** *(ultralight IA100, airborne at 13, report Todi 2500ft.*

a/m	In volo agli 13, riporterò Todi 2500 piedi
	(airborne at 13, will report over Todi 2500ft, ultralight IA100)
a/m	**Perugia, ultralight IA100 Todi 2500 piedi.**
	(Perugia, ultralight IA100 Todi 2500 ft)
Torre	**Ultralight IA100 Perugia torre, chiudiamo l'abbreviato ai 26, contatti Roma Informazioni frequenza 125.75, ciao**
	(Ultralight IA100 Perugia tower, we close abbreviated flight plan at 26, contact Roma Information frequency 125.75, ciao)
a/m	**Contatta Roma Informazioni frequenza 125.75 ultralight IA100, ciao.**
	(will contact Roma information frequency 125.75, ultralight IA100, ciao)

Simulazione di un arrivo in VFR

a/m	**Perugia torre buongiorno Ultralight IA100 avanzato**
	(Perugia tower good day, Ultralight IA100 advanced)
Torre	**Ultralight IA100 Perugia Torre buongiorno**
a/m	**Perugia torre IA100, ultraleggero avanzato P2008 proveniente dall'Urbe, attualmente Todi 2500 piedi, per le istruzioni all'avvicinamento e atterraggio.**
	(Perugia tower IA100 , ultralight advanced P2008, from Urbe, position Todi 2500 ft for Approach and Landing Instruction)
Torre	**Ultralight IA100 Perugia torre, pista 19 vento 170° 5 nodi QNH 1016, riporti campo in vista**
	(ultralight IA100 Perugia tower, runway 19, wind 170°5kts, QNH1016 report field in sight)
a/m	**QNH 1016, pista 19 riporterà campo in vista ultralight IA100**
	(QNH 1016, runway 19, will report field in sight, ultralight IA100)
a/m	**Perugia torre Ultralight IA100 campo in vista.**
	(Perugia, ultralight IA100 field in sight)
Torre	**Ultralight IA100 Perugia, effettui un avvicinamento diretto pista 19, riporti in finale, numero uno**
	(ultralight IA100 Perugia, make straight-in approach runway 19, report on final, number one)

a/m	Effettua un avvicinamento diretto pista 19, riporterò in finale, numero uno, ultralight IA100 *(make straight-in approach runway 19,will report on final, number one, ultralight IA100)*
a/m	Perugia torre ultralight IA100 finale pista 19. *(Perugia, ultralight IA100 final runway 19)*
Torre	Ultralight IA100, pista 19, autorizzato all'atterraggio vento 180° 7 nodi *(Ultralight IA100, runway 19, cleared to land wind 180° 7 kts)*
a/m	Pista 19 autorizzato all'atterraggio pista 16 ultralight IA100. *(runway 19, cleared to land ultralight IA100)*
Torre	Ultralight IA100, al suolo ai 38 liberi a sinistra parcheggio 30 via Tango. *(ultralight IA100, on the ground at 38, vacate left parking stand 30 via tango)*
a/m	Al suolo ai 38, libera a sinistra al parcheggio 30 via Tango, ultralight IA100 *(vacate left, taxi to stand 30 via Tango ultralight IA100)*
a/m	Perugia ultralight IA100 al parcheggio, saluti
Torre	Ciao.

Simulazione del messaggio PAN-PAN

IA100	PAN PAN PAN PAN PAN PAN, SIENA INFO Ultralight I-A100 OIL PRESSURE LOSING, WILL DIVERT TO YOUR FIELD TO LAND, POSITION 7 MILES SOUTH OF THE FIELD 2500 ft HEADING 330°. *(Pan Pan Pan Pan Pan Pan, Siena Info, Ultralight I-A100, la pressione dell'olio sta calando, dirottiamo da voi per l'atterraggio, posizione 7 miglia a sud del campo 2500 piedi prua 330°)*
SIENA	Ultralight I-A100 COPY PAN PAN, NUMBER ONE, CLEARED TO LAND RUNWAY 18 WIND 050° 5 Kts.. *(Ultralight I-A100 Siena copy Pan Pan, numero uno, autorizzato all'atterraggio pista 28 vento 050° 5 nodi.*

Simulazione del messaggio MAYDAY

IA100	MAY DAY MAY DAY MAY DAY, Ultralight I-A100 ENGINE FAILURE, WILL ATTEMPT TO LAND IN A FIELD, POSITION 3 MILES EST OF SIENA TOWN, ALTITUDE 2500 ft HEADING 330°. *(MayDay MayDay MayDay Ultralight I-A100 motore in avaria, tentiamo un atterraggio di emergenza in un campo, posizione 3 miglia a est della città di Siena, Altitudine 2500 piedi prua 330°)*
SIENA	Ultralight I-A100 SIENA COPY MAY DAY , REPORT PERSONS ON BOARD AND FUEL QUANTITY AND TYPE. *(Ultralight IA100 Siena copy MayDay, riporti persone totali a bordo e carburante residuo e tipo)*
IA100	Ultralight IA100, WE ARE 2 PERSON ON BOARD WITH 80 LITRE OF GREEN FUEL. *(Ultralight IA100, siamo 2 persone a bordo, 80 litri di benzina verde)*
SIENA	ULTRALIGHT IA100 SIENA, WE ARE SENDING THE ASSISTANCE. *(Ultralight IA100 Siena, vi stiamo inviando i soccorsi)*

Simulazione del messaggio MAYDAY RELAY

IA100	MAY DAY MAY DAY MAY DAY RELAY, Ultralight I-A100 RELAY MESSAGE FROM Ultralight IA200, ENGINE FAILURE, THEY ATTEMPT TO LAND IN A FIELD, POSITION 3 MILES EST OF SIENA TOWN, ALTITUDE 2500 ft HEADING 330°. *(MayDay MayDay MayDay Relay, Ultralight I-A100 Rilancio messaggio Ultralight IA200, motore in avaria, tentano un atterraggio di emergenza in un campo, posizione 3 miglia a est della città di Siena, Altitudine 2500 piedi prua 330°)*
SIENA	Ultralight I-A100 SIENA COPY MAY DAY RELAY FOR Ultralight IA200 , REPORT PERSONS ON BOARD AND FUEL QUANTITY AND TYPE. *(Ultralight IA100 Siena copiato MayDay Relay, Ultralight IA200, riporti persone totali a bordo e carburante residuo e tipo)*

A100	**ULTRALIGHT IA200 FROM ULTRALIGHT IA100, REPORT PERSON ON BOARD, FUEL QUANTITY AND TYPE.** *(Ultralight IA200 da Ultralight IA100, riporti le persone a bordo, quantità e tipo di carburante)*
A200	**ULTRALIGHT IA200, WE ARE 2 PERSON ON BOARD, GREEN OIL 60 LITRES** *(Ultralight IA200, noi siamo due persone a bordo con 60 litri di benzinaverde)*
IA100	**SIENA, Ultralight IA100, RELAY FROM ULTRALIGHT IA200, THEY ARE 2 PERSON ON BOARD WITH 60 LITRE OF GREEN FUEL.** *(Siena, Ultralight IA100, Rilancio Ultralight IA200, sono 2 persone a bordo, 60 litri di benzina verde)*
SIENA	**ULTRALIGHT IA100 SIENA, WE ARE SENDING THE ASSISTANCE.** *(Ultralight IA100 Siena, stiamo inviando i soccorsi)*

Cambio frequenza

a/m	**Perugia, ultralight IA100 Todi 2500 piedi.** *(Perugia, ultralight IA100 Todi 2500 ft)*
Torre	**Ultralight IA100 Perugia torre, chiudiamo l'abbreviato ai 26, contatti Roma Informazioni frequenza 125.75, ciao** *(Ultralight IA100 Perugia tower, we close abbreviated flight plan at 26, contact Roma Information frequency 125.75, ciao)*
a/m	**Contatta Roma Informazioni frequenza 125.75 ultralight IA100, ciao.** *(will contact Roma information frequency 125.75, ultralight IA100, ciao)*

Oppure

LJ	**LUCCA I-LJ OVER LUCCA 2000 ft** *(Lucca Info, I-LJ Lucca 2000 ft)*
LUCCA	**I-LJ LUCCA, CONTACT PISA RADAR 124.275** *(I-LJ Lucca, contatti Pisa Radar 124.275)*
LJ	**PISA RADAR 124.275 I-LJ** *(Pisa Radar 124.275 I-LJ)*

Cambio FIR

FIC	**I-DANY REPORT THE FIR BOUNDARY ESTIMATE TIME TO CROSS AND THE POINT.** *(I-DANY riporti lo stimato di attraversamento del confine FIR e il punto)*
NY	**WE ESTIMATE TO CROSS THE FIR BOUNDARY AT 14:05 OVER SPOLETO I-DANY** *(stimiamo l'attraversamento del confine FIR alle 14:05 su Spoleto –I_DANY)*
FIC	**I-NY ROGER, REPORT SPOLETO. IF NEGATIVE CONTACT (WITH US), OVER SPOLETO CONTACT PADOVA INFORMATION FREQUENCY 124.15** *(I-NY ricevuto, riporti Spoleto, se contatto negativo (con noi), su Spoleto contatterà Padova Informazioni sulla frequenza 124.15)*
NY	**WILL REPORT SPOLETO, IF NEGATIVE (WITH YOU), WE WILL CONTACT PADOVA INFORMATION FREQUENCY 124.15 I-NY** *(riporteremo Spoleto, se contatto negativo (con voi), contatteremo Padova Informazioni sulla frequenza 124.15 I-NY)*
NY	**ROMA INFO, I-NY OVER SPOLETO 5000 ft.** *(Roma info, I-NY su Spoleto 5000 ft)*
FIC	**I-NY CONTACT PADOVA INFORMATION FREQUENCY 124.15 CIAO** *(I-NY contatti Padova Informazioni frequenza 124.15, ciao)*
NY	**PADOVA INFORMATION FREQUENCY 124.15 I-NY, CIAO** *(Padova Informazioni frequenza 124,15 I-NY, Ciao)*

Se contatto negativo il riporto col FIC

NY	**ROMA INFO, I-NY OVER SPOLETO 5000 ft.** *(Roma info, I-NY su Spoleto 5000 ft)*
FIC	**NO ANSWER** *nessuna risposta*
NY	**PADOVA INFORMATION, I-DANY WITH YOU OVER SPOLETO 5000 ft, LOST RADIO CONTACT WITH ROMA INFORMATION.** *(Padova informazioni, I-DANY con voi, su Spoleto 5000 ft, abbiamo perso il contatto radio con Roma Informazioni)*
FIC	**I-DANY PADOVA INFORMAZIONI BUONGIORNO .....**

Nota: Lo stimato di attraversamento del confine FIR è utile da far conoscere al FIC in quanto, su di esso, in caso di mancato contatto radio, parte la conta dei 30' prima di attivare il servizio di allarme (Incerfa), inoltre è utile ai fini del coordinamento con il FIC limitrofo in quanto ci si aspetta dall'orario stimato il contatto da parte dell'aeromobile e delle relative informazioni di traffico da rilanciare ad altri traffici in prossimità.

E importante inoltre, in quanto dallo stimato in poi, la responsabilità delle informazioni di traffico ricade sul FIC "accettante", mentre in assenza di contatto radio con quest'ultimo, la responsabilità del servizio di allarme resta in carico al FIC "Trasferente".

Simulazioni di VFR Speciale

A/M	**PERUGIA APPROACH BUONGIORNO, ULTRALIGHT IA377, OVER TODI 3000 FT, REQUEST INSTRUCTION FOR LANDING.** *(Perugia Avvicinamento buongiorno, ultralight IA377, su Todi 3000 ft, richiede istruzioni per l'atterraggio)*
APP	**ULTRALIGHT IA377 PERUGIA APPROACH BUONGIORNO, LATEST WEATHER REPORT RUNWAY 19, WIND CALM VISIBILITY 3000 METRES, NO SIGNIFICANT CLOUDS, TEMPERATURE 5 DEWPOINT 4 QNH 1015.** *(Ultralight IA377 Perugia Avvicinamento buongiorno, ultimo riporto meteo, pista in uso 19 calma di vento, visibilità 3000 metri, nessuna nube significativa, temperatura 5 gradi, rugiada 4, QNH 1015)*
A/M	**PERUGIA APPROACH, ULTRALIGHT IA377 REQUEST SPECIAL VFR FLIGHT FOR LANDING** *(Perugia Avvicinamento, Ultralight IA377 richiede il VFR Speciale per l'atterraggio)*
APP	*ULTRALIGHT IA377 PERUGIA, SPECIAL VFR FLIGHT APPROVED* *(Ultralight IA377 Perugia, VFR Speciale approvato)*

Oppure, nel caso della Torre di Controllo

TWR	**(ULTRALIGHT IA377, ROGER, STAND-BY FOR VFR SPECIAL FLIGHT, COORDINATION IN PROGRESS.** (Ultralight IA377, ricevuto, in attesa per l'autorizzazione al VFR Speciale, coordinamento in corso)

Oppure, nel caso dell'Avvicinamento, intenso traffico IFR

APP	**ULTRALIGHT IA377 PERUGIA, UNABLE TO APPROVE VFR SPECIAL FLIGHT, DUE TO MASSIVE IFR TRAFFIC, EXPECT VFR SPECIAL FLIGHT IN ABOUT 35 MINUTES.** *(Ultralight IA377 Perugia, impossibilitato ad approvare il VFR Speciale, causa intenso traffico IFR, si aspetti l'autorizzazione in circa 35 minuti)*

Simulazione di emergenze a terra

A/M	**MAY DAY MAY DAY MAY DAY, URBE TOWER ULTRALIGHT IA377, ON THE PARKING STAND, ENGINE FIRE REQUST ASSISTANCE** *(MAY DAY MAY DAY MAY DAY, Urbe torre ultralight IA377, al parcheggio, motore in fiamme richiediamo assistenza)*
TWR	**ULTRALIGHT IA377, COPY MAY DAY.**

Oppure

A/M	**URBE TOWER, ULTRALIGHT IA377 WE ARE STOPPING TAKE OFF DUE TO BIRD STRIKE, WE REQUEST ASSISTANCE DUE TO ENJURED PASSENGER** *(Urbe torre, Ultralight IA377 fermiamo il decollo a causa di impatto con uccello, richiedo assistenza per un passeggero ferito)*
TWR	**ULTRALIGHT IA377 URBE, ROGER, THE ASSISTANCE IS COMING.** *(Ultralight IA377 Urbe, ricevuto, l'assistenza sta arrivando)*

Simulazione di ripetizione di una autorizzazione

TWR	**ULTRALIGHT IA377 URBE, RUNWAY 34 CLEARED FOR TAKE OFF, WIND 360° 5 KNOTS, RIGHT TURN OUT AFTER TO SETTECAMINI.** *(Ultralight IA377, pista 34 autorizzato al decollo, vento 360°5nodi, virata a destra dopo diretti sette camini))*
A/M	**RUNWAY 34, CLEARED FOR TAKE OFF, RIGHT TURN OUT AFTER TO SETTECAMINI, ULTRALIGHT IA377**

	(Pista 34, autorizzato al decollo, a destra dopo diretto a Settecamini, Ultralight IA377.

Oppure

TWR	**ULTRALIGHT IA377, TAXI HOLDING POINT ALPHA RUNWAY 24, VIA MIKE AND FOXTROT** *(Ultralight IA377, rulli al punto attesa alpha pista 24, via mike e foxtrot)*
A/M	**TAXI HOLDING POINT ALPHA RUNWAY 24, VIA MIKE AND FOXTROT, ULTRALIGHT IA377.** *(Rulla al punto attesa Alpha pista 24, via mike e foxtrot, Ultralight IA377)*

Esempi Pratici di Fraseologia

Fraseologia Servizio
Controllo di Aerodromo

(Operazioni su Aviosuperficie)

VOLI VFR e VFR NO/FPL (Piano Volo Abbreviato)
Voli Locali, Partenza e Arrivo

Aeromobili presenti nella simulazione: I-A377, I-IAFT (FT), I-IAEF (EF), I-NOLJ (LJ).
Ente del Traffico Aereo: Lucca Torre.

I-A377	**LUCCA, ULTRALIGHT I-A377, FOR RADIO AND TIME CHECK** *(Lucca Ultralight IA377 per prova radio e stop orario)*
LUCCA	**ULTRALIGHT I-A377, LUCCA, READ YOU 4, TIME CHECK 12.13** *(Ultralight IA377 Lucca, vi ricevo 4 su 5, stop orario 12:13)*
I-A377	**LUCCA, ULTRALIGHT I-A377, VFR FLIGHT DESTINATION SIENA, AEROCLUB PARKING AREA, REQUEST TAXI, ACCORDING FLIGHT PLAN.** *(Lucca, Ultralight IA377 VFR destinazione Siena, al parcheggio aeroclub pronta a muovere in accordo al piano di volo)*
LUCCA	**ULTRALIGHT I-A377, LUCCA, TAXI HOLDING POINT RUNWAY 10, WIND 050°/5 Kts, QNH 1016.** *(I-GH Lucca, rulli punto attesa pista 10, vento 050° 5 Nodi QNH 1016)*
I-A377	**TAXI HOLDING POINT RUNWAY 10, QNH 1016, ULTRALIGHT I-A377** *(Rulla punto attesa pista 10, QNH 1016, Ultralight IA377*
EF	**LUCCA, I-IAEF.**
LUCCA	**I-IAEF, LUCCA**
EF	**LUCCA, I-IAEF, VFR FLIGHT DESTINATIO MARINA DI CAMPO, AEROCLUB PARKING AREA, REQUEST TAXI, ACCORDING FLIGHT PLAN.** *(Lucca I-IAEF, vfr destinazione Marina di Campo, al parcheggio aeroclub, richiede il rullaggio in accordo al piano di volo)*
LUCCA	**I-EF, LUCCA, TAXI HOLDING POINT RUNWAY 10, WIND 050°/5 Kts QNH 1016, NUMBER TWO FOR DEPARTURE, PRECENDING YOU TB9 I-IAGH.** *(I-EF Lucca, rulli al punto attesa pista 10, vento 050° 5 Nodi QNH 1016, numero 2 alla partenza, vi precede un TB9 I-IAGH)*

EF	**TAXI HOLDING POINT RUNWAY 10, QNH 1026, NUMBER TWO I-EF.** *(rulla punto attesa pista 10, QNH 1026 numero due I-EF)*
LUCCA	**I-EF, LUCCA, NEGATIVE QNH 1016** *(I-EF Lucca, negativo il QNH è 1016)*
EF	**QNH 1016, I-EF.** *(QNH 1016 I-EF)*
FT	**LUCCA, I-IAFT.**
LUCCA	**I-IAFT, LUCCA**
FT	**LUCCA, I-IAFT, VFR TRAINING LOCAL FLIGHT REQUEST ABBREVIATED FLIGHT PLAN, AEROCLUB PARKING AREA, REQUEST TAXI.** *(Lucca I-IAFT, volo addestrativo VFR locale, richiede piano di volo abbreviato, al parcheggio aeroclub pronto al rullaggio)*
LUCCA	**I-FT, LUCCA, REPORT ENDURANCE, FLIGHT TIME AND PERSON ON BOARD.** *(I-FT Lucca, riporti autonomia, durata del volo e passeggeri a bordo)*
FT	**ENDURANCE 3 HOURS, FLIGHT TIME 1 HOUR, 2 PERSON, I-FT.** *(autonomia di 3 ore, 1 ora di volo 2 persone a bordo I-FT)*
LUCCA	**I-FT, LUCCA, TAXI HOLDING POINTRUNWAY 10, WIND 050° 5 Kts, QNH 1016, NUMBER THREE, PRECEDING YOU TB9 I-IAEF.** *(I-FT lucca, rulli punto attesa pista 10, vento 050° 5 nodi, QNH 1016, numero 3 precede I-IAEF TB9)*
FT	**HOLDING POINT RUNWAY 10, QNH 1016, NUMBER THREE, I-FT** *(Punto attesa pista 10, QNH 1016, Numero 3 I-FT)*
I-A377	**LUCCA, ULTRALIGHT I-A377, READY FOR DEPARTURE.** *(Lucca Ultralight IA377 pronto alla partenza)*
LUCCA	**I-GH, LUCCA, RUNWAY 10, CLEARED FOR TAKE-OFF, WIND 050° 5 Kts.** *(I-GH Lucca, pista 10, autorizzato al decollo, vento 050° 5 nodi)*
I-A377	**RUNWAY 10, CLEARED FOR TAKE OFF, ULTRALIGHT I-A377** *(pista 10, autorizzato al decollo Ultralight IA377)*

EF	**LUCCA, I-EF, READY FOR DEPARTURE.** *(Lucca I-EF pronto alla partenza)*
LUCCA	**I-EF, LUCCA, LINE-UP AND WAIT RUNWAY 10.** *(I-EF Lucca, allineamento e attesa pista 10)*
EF	**LINE-UP AND WAIT runway 10, I-EF.** *(allineamento e attesa pista 10 I-EF)*
LUCCA	**I-GH, LUCCA, AIRBORNE AT 26, REPORT ALTOPASCIO** *(I-GH Lucca, in volo ai 26 riporti Altopascio)*
I-A377	**AIRBORNE 26, WILL REPORT ALTOPASCIO (or wilco), I-GH.** *(in volo ai 26, riporterà Altopascio (oppure faremo) Ultralight IA377*
LUCCA	**I-EF, LUCCA, RUNWAY 10, CLEARED FOR TAKE-OFF, WIND 050° 5 Kts, RIGHT TURN OUT AFTER.** *(I-EF Lucca, pista 10, autorizzato al decollo, vento 050° 5 nodi, virata a destra dopo)*
EF	**RUNWAY 10, CLEARED FOR TAKE-OFF, RIGHT TURN OUT AFTER, I-EF** *(Pista 10, autorizzato al decollo, virata a destra dopo I-EF)*
FT	**LUCCA, I-FT, READY FOR DEPARTURE.** *(Lucca I-FT, pronto alla partenza)*
LUCCA	**I-FT, LUCCA, LINE-UP AND WAIT RUNWAY 10** *(I-FT Lucca, allineamento e attesa pista 10)*
FT	**LINE-UP AND WAIT RUNWAY 10, I-FT.** *(allineamento e attesa pista 10 I-FT)*
LUCCA	**I-EF, LUCCA, AIRBORNE AT 28, REPORT LEAVING AERODROM TRAFFIC ZONE.** *(I-EF Lucca, decollato ai 28 riporti lasciando l'ATZ)*
EF	**AIRBORNE AT 28, WILCO, I-EF** *(decollato ai 28 faremo I-EF)*
LUCCA	**I-FT LUCCA, RUNWAY 10, CLEARED FOR TAKE-OFF, WIND 050° 5 Kts.** *(I-FT Lucca, pista 10, autorizzato al decollo, vento 050° 5 nodi)*
FT	**RUNWAY 10, CLEARED FOR TAKE-OFF, I-FT.** *(pista 10, autorizzato al decollo I-FT)*
I-A377	**LUCCA, ULTRALIGHT I-A377, OVER ALTOPASCIO 1000 ft, INBOUND EMPOLI, ESTIMATE AT 40.** *(Lucca Ultralight IA377 Altopascio 1000ft dirige verso Empoli stimato ai 40)*

LUCCA	**I-GH, LUCCA, FOR PISA RADAR SQUAWK 6202 AND IDENT.** *(I-GH Lucca, da parte di Pisa Radar codice 6202 e identifichi)*
I-A377	**SQUAWKING 6202 AND IDENT, ULTRALIGHT I-A377** *(codice 6202 identifico Ultralight IA377)*
LUCCA	**I-GH, LUCCA, CONTACT PISA RADAR FERQUENCY 124.275.** *(Ultralight IA377 Lucca, contatti Pisa Radar 124.275)*
I-A377	**PISA RADAR 124.27, ULTRALIGHT I-A377.**
LUCCA	**I-FT, LUCCA, AIRBORNE AT 31, REPORT RIGHT DOWNWIND RUNWAY 10.** *(I-FT Lucca, decollato ai 31, riporti sottovento pista 10)*
FT	**AIRBORNE AT 31, WILL REPORT RIGHT DOWNWIND 10, I-FT.** *(decollato ai 31, riporteremo sottovento destro pista 10 I-FT)*
EF	**MAY DAY MAY DAY MAY DAY, I-IAEF ENGINE FAILURE, WILL ATTEMPT TO LAND IN YOUR FIELD, POSITION 3 MILES EST OF THE FIELD 2500 ft HEADING 330°.** *(MayDay MayDay MayDay I-IAEF motore in avaria, tentiamo un atterraggio di emergenza sul campo, posizione 3 miglia a est del campo 2500 piedi prua 330°)*
LUCCA	**I-EF COPY MAY DAY AT 33, NUMBER ONE, CLEARED TO LAND RUNWAY 28 WIND 050° 5 Kts. REPORT, PASSENGER ON BOARD AND FUEL QUANTITY AND TYPE.** *(I-EF Lucca copy, MayDay, numero uno, autorizzato all'atterraggio pista 28 vento 050° 5 nodi, quando possibile riporti persone totali a bordo e carburante residuo e tipo)*
EF	**CLEARED TO LAND I-EF, 3 PASSENGER WITH 130 LITRE OF AVGAS 100LL.** *(Autorizzato all'atterraggio, 3 passeggeri, 130 litri di Avgas 100LL)*
LUCCA	**I-FT LUCCA, CLEAR TRAFFIC CIRCUIT, PROCIDE TO LUCCA AND STOP TRANSMITTING MAY-DAY** *(I-FT Lucca, liberi il circuito di traffico e proceda diretto Lucca, mantenga silenzio radio MayDay in corso)*
LUCCA	**ALL TRAFFIC ON 122.600 STOP TRANSMITTING MAY DAY** *(a tutto il traffico sulla 122.60 silenzio radio MayDay)*

FT	---
LJ	**LUCCA I-NOLJ**
LUCCA	**I-NOLJ STOP TRANSMITTING, MAY DAY.** *(I-NOLJ silenzio radio MayDay)*
LJ	--
EF	**I-EF ON THE GROUND AT 37** *(I-EF al suolo ai 37)*
LUCCA	**ALL TRAFFIC ON THIS FREQUENCY, DISTRESS ENDED AT 48.** (a tutto il traffic sulla frequenza, *fine emergenza ai 38)*
LUCCA	**I-FT LUCCA, REPORT YOUR POSITION AND ALTITUDE.** *(I-FT Lucca, posizione e quota)*
FT	**POSITION LUCCA 2000 ft I-FT** *(posizione Lucca 2000 piedi I-FT)*
LUCCA	**I-FT LUCCA, CLEARED STRIGHT-IN APPROACH RUNWAY 10, NUMBER ONE, WIND 050° 5 Kts.** *(I-FT Lucca, autorizzato all'avvicinamento diretto pista 10, numero uno, vento 050° 5 nodi)*
FT	**CLEARED STRIGHT-IN APPROACH RUNWAY 10, NUMBER ONE, WIND 050° 5 Kts I-FT.** *(autorizzato all'avvicinamento diretto pista 10,numero uno,I-FT)*
LUCCA	**I-NOLJ LUCCA**
LJ	**LUCCA I-NOLJ C150, VFR LOCAL FLIGHT ABBREVIATED FLIGHT PLAN, ROUND ROBIN LUCCA-LUCCA VIA MASSA REQUEST TAXI.** *(Lucca I-NOLJ C150, vfr locale per un piano di volo abbreviato, circuito chiuso Lucca -Lucca via Massa, pronta a rullare)*
LUCCA	**I-LJ LUCCA, TAXI HOLDING POINT RUNWAY 10, WIND 050° 5 Kts QNH 1016, REPORT ENDURANCE, FLIGHT TIME AND TOTAL PERSON ON BOARD.** *(I-LJ Lucca, rulli punto attesa pista 10, vento 050° 5 nodi, QNH 1016, riporti autonomia, durata del volo e persone a bordo)*
LJ	**I-LJ TAXI HOLDING POINT RUNWAY 10 QNH 1016, ENDURANCE 4 HOURS FLIGHT TIME 1 HOUR TWO PERSON ON BOARD.** *(I-LJ rulla punto attesa pista 10, QNH 1016. Autonomia di 4 ore, 1 ora di volo, 2 persone a bordo)*

FT	**LUCCA I-FT ON FINAL 10 FOR TOUCH AND GO.** *(Lucca I-FT in finale pista 10 per un tocca e riparti)*
LUCCA	**I-FT LUCCA, YOU'RE IN-SIGHT, RUNWAY 10 CLEARED FOR TOUCH AND GO, WIND 050° 5 Kts.** *(I-FT Lucca, siete in vista, pista 10 autorizzato al tocca e riparti, vento 050° 5 nodi)*
FT	**RUNWAY 10, CLEARED FOR TOUCH AND GO I-FT** *(pista 10, autorizzato al tocca e riparti I-FT)*
LJ	**LUCCA I-LJ READY FOR DEPARTURE** *(Lucca I-LJ, pronto alla partenza)*
LUCCA	**I-LJ LUCCA, NEGATIVE STAND-BY, TRAFFIC ON-FINAL.** *(I-LJ Lucca, negativo in attesa, traffico in finale)*
LJ	**Roger I-LJ** (ricevuto I-LJ)
LUCCA	**I-LJ LUCCA, ENTER ON THE RUNWAY, BACK-TRACK APPROVED RUNWAY 10, REPORT READY FOR DEPARTURES** (I-LJ Lucca, entri in pista, contropista approvato pista 10,, riporti pronto alla partenza)
LJ	**BACK-TRACK APPROVED RUNWAY 10, I-LJ** (contropista approvato pista 10, I-LJ)
LUCCA	**I-FT LUCCA, TOUCH AND GO AT 54, REPORT DOWNWIND 10.** *(I-FT Lucca tocca e riparti ai 54, riporti sottovento pista 10)*
FT	**WILL REPORT DOWNWIND RUNWAY 10 I-FT** *(riporterà sottovento pista 10 I-FT)*
LJ	**LUCCA I-LJ READY FOR DEPARTURE** *(Lucca I-LJ pronto alla partenza)*
LUCCA	**I-LJ LUCCA, RUNWAY 10, CLEARED FOR TAKE-OFF WIND 050° 5 Kts.** *(I-LJ Lucca, pista 10, autorizzato al decollo, vento 050° 5 nodi)*
LJ	**RUNWAY 10, CLEARED FOR TAKE-OFF I-LJ** *(pista 10, autorizzato al decollo I-LJ)*
FT	**LUCCA I-FT ON DOWNWIND RUNWAY 10** *(Lucca I-FT in sottovento pista 10)*
LUCCA	**I-FT LUCCA, REPORT FINAL RUNWAY 10, WIND 050° 5 Kts.** *(I-FT Lucca, riporti finale pista 10, vento 050° 5 nodi)*

FT	**WILL REPORT FINAL RUNWAY 10 I-FT.** *(riporterò finale pista 10 I-FT)*
LUCCA	**I-LJ AIRBORNE AT 01, REPORT OVER LUCCA, TRAFFIC INFORMATION TB9 ON DOWNWIND RUNWAY 10.** *(I-LJ decollato ai 01, riporti Lucca, informative di traffico TB9 in sottovento pista 10)*
LJ	**AIRBORNE AT 01, COPY THE TRAFFIC, WILCO I-LJ** *(decollate ai 01, copiato il traffico, I-LJ)*
FT	**LUCCA I-FT FINAL RUNWAY 10 FOR LANDING.** *(Lucca, I-FT finale pista 10 per l'atterraggio)*
LUCCA	**I-FT LUCCA, RUNWAY 10, CLEARED TO LAND, WIND 050° 5 Kts** *(I-FT Lucca, pista 10, autorizzato all'atterraggio, vento 050° 5 nodi)*
FT	**RUNWAY 10, CLEARED TO LAND I-FT** *(pista 10, autorizzato all'atterraggio I-FT)*
LJ	**LUCCA I-LJ OVER LUCCA 2000 ft** *(Lucca Info, I-LJ Lucca 2000 ft)*
LUCCA	**I-LJ LUCCA, CONTACT PISA RADAR 124.275** *(I-LJ Lucca, contatti Pisa Radar 124.275)*
LJ	**PISA RADAR 124.275 I-LJ** *(Pisa Radar 124.275 I-LJ)*
LUCCA	**I-FT LUCCA, ON THE GROUND AT 13, BACK TRACK APPROVED, VACATE THE RUNWAY AND TAXI TO THE GENERAL AVIATION APRON.** *(I-FT Lucca, al suolo agli 13, contropista approvato, liberi la pista e rulli al parcheggio aviazione generale)*
FT	**ON THE GROUND AT 13, BACK TRACK APPROVED, VACATE THE RUNWAY AND TAXI TO THE GENERAL AVIATION APRON** (al suolo agli 13, *contropista approvato, liberi la pista e rulli al parcheggio aviazione generale* I-FT)
FT	**LUCCA I-FT ON THE PARKING, CIAO.** (Lucca I-FT al parcheggio, ciao)
GH	**LUCCA I-IAGH.**
LUCCA	**I-IAGH LUCCA** *(I-IAGH Lucca)*

GH	**LUCCA I-IAGH, TB9 VFR FLIGHT FROM SIENA TO YOU, POSITION EMPOLI 2000 ft, IN-BOUND ALTOPASCIO, ESTIMATE AT 25.** *(Lucca, I-IAGH TB9, volo vfr da Siena a voi, posizione Empoli 2000 piedi, diretto Altopascio stimato ai 25)*
LUCCA	**I-GH LUCCA, RUNWAY 10, WIND 050° 5 Kts QNH 1016, REPORT ALTOPASCIO.** *(I-GH Lucca, pista 10 vento 050°5 nodi QNH 1016, riporti Altopascio)*
GH	**RUNWAY 10, QNH 1016 WILCO I-GH** *(Pista 10, QNH 1016, farà I-GH)*
GH	**LUCCA I-GH OVER ALTOPASCIO 2000 ft.** *(Lucca I-GH su Altopascio 2000 piedi)*
LUCCA	**I-GH LUCCA, REPORT FIELD IN-SIGHT, EXPECT RIGHT DOWNWIND RUNWAY 10.** *(I-GH Lucca roger, riporti campo in vista, si aspetti un sottovento destro pista 10)*
GH	**WILL REPORT FIELD IN-SIGHT I-GH** *(riporteremo campo in vista I-GH)*
GH	**LUCCA, I-GH FIELD IN-SIGHT** *(Lucca I-GH campo in vista)*
LUCCA	**I-GH LUCCA, JOIN RIGHT DOWNWIND RUNWAY 10, WIND 050° 5 Kts.** *(I-GH Lucca, entri in sottovento destro pista 10, vento 050° 5 nodi)*
GH	**WILL REPORT RIGHT DOWNWIND RUNWAY 10 I-GH.** *(riporteremo sottovento destro pista 10 I-GH)*
GH	**LUCCA I-GH, RIGHT DOWNWIND RUNWAY 10** *(Lucca I-GH, sottovento destro pista 10)*
LUCCA	**I-GH LUCCA, NUMBER ONE REPORT ON FINAL RUNWAY 10** *(I-GH Lucca, numero uno, riporti in finale pista 10)*
GH	**NUMBER ONE, WILL REPORT ON FINAL runway 10 I-GH** *(Numero uno, riporterò in finale pista 10 I-GH)*
GH	**LUCCA I-GH ON FINAL RUNWAY 10** *(Lucca I-GH in finale pista 10)*

LUCCA	I-GH LUCCA, RUNWAY 10 CLEARED TO LAND, WIND 050° 5 Kts. *(I-GH Lucca, pista 10 autorizzato all'atterraggio vento 050°5nodi)*
GH	RUNWAY 10, CLEARED TO LAND I-GH. *(Pista 10 autorizzato all'atterraggio I-GH)*
LUCCA	I-GH LUCCA, ON THE GROUND AT 37, BACK TRACK APPROVED, REPORT RUNWAY VACATED. *(I-GH Lucca, al suolo ai 37, contro pista approvato, riporti pista libera)*
GH	ON THE GROUND AT 37, WILCO I-GH. *(al suolo ai 37, farà I-GH)*
GH	LUCCA I-GH RUNWAY VACATED, CIAO. *Lucca I-GH pista libera, ciao)*
LUCCA	Ciao

Partenza e Arrivo
Da Aeroporto a Aviosuperficie

a/m	**Urbe torre Ultralight IA100 buongiorno, prova radio e stop-orario.** *(Urbe tower buongiorno, ultralight IA100, radio and time check)*
Torre	**Ultralight IA100, urbe buongiorno, stop orario 11:05 riceviamo 4 su 5, ("conferma VDS Avanzato?")** *(Ultralight IA100, Urbe tower buongiorno, time check 11:05 read you 4,(" confirm Ultralight advanced?")*
a/m	**Ultralight IA100, ("conferma VDS avanzato"), al parcheggio pronto a rullare, destinazione aviosuperficie fly Roma, chiede un piano di volo abbreviato siamo due a bordo con 4 ore di autonomia** *(ultralight IA100, ("affirm advanced"), parking stand ready for taxi destination Fly Roma landfield, for abbreviated flight plan, we are 2 people on board with 4 hours of endurance)*
Torre	**Ultralight IA100, rulli via Tango (T) al punto attesa Sierra (S) pista 34, vento da 350° 8 nodi il QNH 1015.** *(Ultralight IA100, taxi via Tango to holding point Sierra runway 34, wind 350°8Knots, QNH1015)*
a/m	**Rulliamo via Tango al punto attesa Sierra (S) pista 34, QNH 1015, Ultralight IA100.** *(taxi via Tango to holding point Sierra runway 34, QNH1015, Ultralight IA100)*
a/m	**Urbe torre Ultralight IA100 al punto attesa Sierra pista 34 pronto alla partenza.** *(Urbe tower, ultralight IA100, holding point sierra runway 34, ready for departures)*
Torre	**Ultralight IA100, pista 34 autorizzato al decollo, vento 350° 8 nodi.** *(ultralight IA100, runway 34, cleared for take off, wind 350°8Knots)*
a/m	**Pista 34, autorizzato al decollo Ultralight IA100.** *(runway34, cleared for take off, ultralight IA100)*
Torre	**Ultralight IA100, in volo agli 13, riporti Settecamini 1500ft** *(ultralight IA100, airborne at 13, report Settecamini 1500ft.*

a/m	**In volo agli 13, riporterò Settecamini 1500 piedi** *(airborne at 13, will report over Settecamini, ultralight IA100)*
a/m	**Urbe, ultralight IA100 Settecamini 1500 piedi.** *(Urbe, ultralight IA100 Settecamini 1500 ft)*
Torre	**Ultralight IA100 urbe torre, contatti la locale del Fly Roma buongiorno** *(Ultralight IA100 Urbe tower, contact local unit, closed abbreviated flight plan at 20)*
a/m	**Contatta la locale del Fly Roma ultralight IA100, buongiorno.** *(will contact local unit f Fly Roma, ultralight IA100, ciao)*
	---
a/m	**Fly Roma ultralight IA100 col campo in vista 1000 piedi 3 miglia nord del campo per il sorvolo osservazione manica a vanto** *(Fly Roma, ultralight IA100, field in sight at 1000ft position 3 miles north of the field, to overfly for windsock observation)*
Fly Roma	...... Nil ATS Unit Available ...... Nessun ente ATS disponibile.
a/m	**Fly Roma Ultralight IA100 cielo campo 1000 piedi si inserisce in sottovento destro pista 09.** *(Fly Roma, ultralight IA100, over the field 1000ft, we will join right downwind runway 09)*
Fly Roma	....
a/m	**Fly Roma Ultralight IA100 sottovento destro pista 09 per il finale** *(Fly Roma, ultralight IA100, right downwind runway 09, will report final)*
Fly Roma	....
a/m	**Fly Roma ultralight IA100 finale pista 09 per l'atterraggio** *(Fly Roma, ultralight IA100, final runway 09 for landing)*
Fly Roma	....
a/m	**Fly Roma ultralight IA100 al suolo pista libera.** *(Fly Roma, ultralight IA100 on the ground, runway vacated)*

Partenza e Arrivo
Da Aviosuperficie a Aeroporto

a/m	**Fly Roma ultralight IA100 rulla per pista 09** *(Fly Roma, ultralight IA100 taxi runway 09)*
Fly Roma	.....
a/m	**Fly Roma ultralight IA100 si allinea e decolla pista 09** *(Fly Roma, ultralight IA100, lining up and take off runway 09)*
Fly Roma	.....
a/m	**Fly Roma, Ultralight IA100 lascia la zona per Settecamini 1000 piedi** *(Fly Roma, ultralight IA100, leaving yor zone to Settecamini 1000 ft)*
	---
a/m	**Urbe torre buongiorno Ultralight IA100 avanzato** *(Urbe tower good day, Ultralight IA100 advanced)*
Torre	**Ultralight IA100 Urbe Torre buongiorno**
a/m	**Urbe torre IA100, ultraleggero avanzato P2008 proveniente dal Fly Roma per l'Urbe, Settecamini 1500 piedi** *(Urbe tower IA100 , ultralight advanced P2008, from Fly Roma landfield to you, settecamini 1500 ft)*
Torre	**Ultralight IA100 Urbe torre, pista 16 vento 170° 5 nodi QNH 1016, riporti Fidene 1500 piedi per circuito standard pista 16** *(ultralight IA100 Urbe tower, runway 16, wind 170°5kts, QNH1016 report Fidene 1500 ft for standard traffic pattern)*
a/m	**QNH 1016, pista 16 riporterà Fidene 1500 piedi per circuito standard 16 ultralight IA100** *(QNH 1016, runway 16, will report Fidene 1500ft for standard traffic pattern, ultralight IA100)*
a/m	**Urbe torre Ultralight IA100 Fidene 1500 piedi.** *(urbe, ultralight IA100 Fidene 1500ft)*
Torre	**Ultralight IA100 urbe riporti lasciando il cielo campo per il sottovento destro pista 16** *(ultralight IA100, report leaving sky field to join right downwind runway 16)*

a/m	**Riporterà lasciando per sottovento destro pista 16, ultralight IA100** *(will report leaving sky field to join right downwind runway 16, ultralight IA100)*
a/m	**Urbe torre ultralight IA100 sottovento destro pista 16.** *(Urbe, ultralight IA100 right downwind runway 16)*
Torre	**Ultralight IA100 Urbe, ricevuto, riporti in finale pista 16, numero uno.** *(ultralight IA100 urbe, report final runway 16, number one)*
a/m	**Numero uno, riporterò in finale IA100** *(number one, wilco ultralight IA100)*
a/m	**Urbe torre IA100 è in finale pista 16** *(ultalight IA100, final runway 16)*
Torre	**Ultralight IA100, pista 16, autorizzato all'atterraggio vento 180° 7 nodi** *(Ultralight IA100 urbe, runway 16, cleared to land wind 180°7 kts)*
a/m	**Pista 16 autorizzato all'atterraggio pista 16 ultralight IA100.** *(runway 16, cleared to land ultralight IA100)*
Torre	**Ultralight IA100, al suolo ai 38 liberi a sinistra via Charlie (C) al parcheggio 30.** *(ultralight IA100, on the ground at 38, vacate left via charlie to the parking stand 30)*
a/m	**Al suolo ai 38, a sinistra via Charlie (C) al parcheggio, ultralight IA100** *(vacate left via charlie, taxi to stand 30 ultralight IA100)*
a/m	**Urbe ultralight IA100 al parcheggio, saluti**
Torre	**Ciao.**

VOLI IFR

Aeromobili presenti nella simulazione: ISS 718 (Meridiana), AZA 321 (Alitalia), ISS 534 (Meridiana),
I-VICP.
Ente del Traffico Aereo: Olbia Torre.

ISS718	**OLBIA TOWER MERIDIANA 718.** *(Olbia torre, meridiana 718)*
OLBIA	**MERIDIANA 718 OLBIA** *(Meridiana 718 Olbia)*
ISS718	**OLBIA, MERIDIANA 718 IFR FLIGHT REQUEST START-UP DESTINATION ROMA STAND A1.** *(Olbia, Meridiana 718, volo IFR richiede la messa in moto destinazione Roma, parcheggio A1)*
OLBIA	**MERIDIANA 718, STAND BY FOR START-UP, TIME CHECK 11 REPORT READY TO COPY WEATHER CONDITIONS ATIS INFORMATION NOT AVAILABLE DUE TUE MAINTENANCE.** *(Meridiana 718, in attesa per la messa in moto, stop orario 11, riporti pronto a copiare il meteo, ATIS non disponibile per manutenzione)*
ISS718	**READY TO COPY WEATHER CONDITIONS MERIDIANA 718.** *(pronto a copiare il meteo Meridiana 718)*
OLBIA	**MERIDIANA 718, RUNWAY IN USE 24, WIND 220° 5 Kts GUSTING 18 Kts, VISIBILITY MORE 10 Km, SCATTERED 4000 ft ,TEMPERATURE 21° DEW-POINT 13° QNH 1020.** *(Meridiana 718, pista in uso 24, vento 220°5nodi raffiche 18nodi, visibilità più di 10 kilometri, scattered 4000 piedi, temperatura 21°, rugiada 13° QNH1020)*
ISS718	**RUNWAY 24 QNH 1020 MERIDIANA 718.** *(Pista 24, QNH 1020 Meridiana 718)*
AZA321	**OLBIA ALITALIA 321.**
OLBIA	**ALITALIA321 OLBIA**
AZA321	**OLBIA, ALITALIA 321 IFR FLIGHT REQUEST START-UP DESTINATION PISA STAND 7.** *(Olbia Alitalia 321, IFR per Pisa al parcheggio 7 chiede la messa in moto)*

OLBIA	**ALITALIA 321 OLBIA, STAND-BY FOR START-UP, ATIS INFORMATION NOW ARE AVAILABLE, MONITOR ATIS INFORMATION ALPHA.** *(Alitalia 321 Olbia, in attesa per la messa in moto, ATIS disponibile, ascolti l'ATIS informazioni Alpha)*
AZA321	**MONITOR ATIS AND STAND-BY FOR START-UP ALITALIA 321.** *(monitor ATIS, in attesa per la messa in moto Alitalia 321)*
OLBIA	**MERIDIANA 718 OLBIA, START-UP APPROVEDE ACCORDING TO THE CTOT TIME-CHECK 14. REPORT READY FOR PUSH-BACK.** *(Meridiana 718 Olbia, messa in moto approvata in accordo allo slot, stop orario 14, riporti pronto al push-back)*
ISS718	**START-UP APPROVED IN ACCORDING TO THE SLOT TIME CHECK 14, WILCO MERIDIANA 718** *(messa in moto approvata in accordo allo slot, farà Meridiana 718)*
OLBIA	**ALITALIA 321 OLBIA.**
AZA321	**OLBIA ALITALIA 321.**
OLBIA	**ALITALIA 321 OLBIA, SLOT REVISED, NEW SLOT AT 32, TIME CHECK 15, EXPECT START-UP AT 23.** *(Alitalia 321 Olbia, revisione di slot, nuovo slot ai 32, stop orario 15, si aspetti la messa in moto ai 23.)*
AZA321	**SLOT REVISED AT 32, EXPECTING START-UP AT 23 ALITALIA 321.** *(revisione slot ai 32, aspettiamo la messa in moto ai 23, Alitalia 321)*
I-VICP	**PAN PAN PAN PAN PAN PAN, OLBIA I-VICP, SICK PASSENGER ON-BOARD, REQUEST PRIORITY LANDING, POSITION 8 MILES FINAL RUNWAY 24, RELEASED BY OLBIA RADAR.** *(PAN PAN, PAN PAN, PAN PAN, Olbia I-VICP, passeggero che sta male a bordo, chiediamo priorità all'atterraggio, posizione 8 miglia in finale 24, rilasciati da Olbia Radar)*
OLBIA	**I-VICP OLBIA Roger PAN PAN, NUMBER ONE, RUNWAY 24 CLEARED TO LAND WIND 220° 5 Kts GUSTING 18 Kts.** *(I-VICP Olbia roger, PAN PAN, numero uno, pista 24 autorizzato all'atterraggio vento 220°5 nodi raffiche 18 nodi)*

ISS718	**OLBIA MERIDIANA 718 READY FOR PUSH-BACK**
	(Olbia, Meridiana 718 pronta al push-back)
OLBIA	**MERIDIANA 718 OLBIA, PUSH-BACK APPROVED RUNWAY 24 REPORT READY TO TAXI.**
	(Meridiana 718 Olbia, push-back approvato pista 24, riporti pronto a rullare)
ISS718	**PUSH BACK APPROVED RUNWAY 24, WILCO MERIDIANA 718.**
	(push-back approvato pista 24, farà Meridiana 718)
OLBIA	**I-VICP OLBIA, ON THE GROUND AT 21, VACATE VIA D-F-L STAND 16, THE AMBULANCE IS COMING.**
	(I-VICP Olbia, al suolo ai 21, liberi via D-F-L parcheggio 16, l'ambulanza in arrivo)
I-VICP	**VACATE VIA D-F-L STAND 16, I-VICP.**
	(liberiamo via D-F-L parcheggio 16, I-VICP)
AZA321	**OLBIA ALITALIA 321 STARTING-UP.**
	(Olbia, Alitalia 321 mette in moto)
OLBIA	**ALITALIA 321 OLBIA REPORT READY TO TAXI.**
	(Alitalia 321 Olbia, riporti pronto al rullaggio)
ISS718	**OLBIA MERIDIANA 718 READY TO TAXI.**
	(Olbia, Meridiana 718 pronta a rullare)
OLBIA	**MERIDIANA 718 OLBIA, TAXI HOLDING POINT ALPHA RUNWAY 24 VIA L-F.**
	(Meridiana 718 Olbia, rulli punto attesa Alpha pista 24 via L-F)
ISS718	**TAXI HOLDING POINT ALPHA RUNWAY 24 VIA L-F MERIDIANA 718.**
	(Rulla punto attesa alpha pista 24 via L-F Meridiana 718)
AZA321	**OLBIA ALITALIA 321 REQUEST TAXI.**
	(Olbia Alitalia 321 chiede il rullaggio)
OLBIA	**ALITALIA 321 OLBIA,TAXI HOLDING POINT ALPHA RUNWAY 24 VIA L-F NUMBER TWO, PRECEDING YOU MD82 MERIDIANA.**
	(Alitalia 321 Olbia, rulli punto attesa alpha pista 24 via L-F numero 2, precede MD82 Meridiana)
AZA321	**TAXI HOLDING POINT ALPHA RUNWAY 24 VIA L-F, NUMBER TWO ALITALIA 321**
	(rulla punto attesa alpha pista 24 via L-F numero 2 Alitalia 321)
ISS534	**OLBIA MERIDIANA 534**

OLBIA	**MERIDIANA 534 OLBIA**
ISS534	**OLBIA, MERIDIANA 534 10 MILES FINAL 24** *(Olbia Meridiana 534 alle 10 miglia in finale pista 24)*
OLBIA	**MERIDIANA 534 OLBIA, NUMBER ONE REPORT 5 MILES FINAL RUNWAY 24 WIND 220° 5 Kts GUSTING 18 Kts** *(Meridiana 534 Olbia, numero uno riporti 5 miglia in finale pista 24, vento 220°5nodi raffiche 15 nodi)*
ISS534	**WILCO MERIDIANA 534** *(farà Meridiana 534)*
OLBIA	**MERIDIANA 718 OLBIA, REPORT READY TO COPY ATC CLEARANCE.** *(Meridiana 718 Olbia, riporti pronto a copiare la clearance ATC)*
ISS718	**READY TO COPY MERIDIANA 718** *(pronto a copiare Meridiana 718)*
OLBIA	**MERIDIANA 718, CLEAR TO FIX VALMA VIA BATOX5B STANDARD DEPARTURE L5 CLIMBE FLIGHT LEVEL 100 SQUAWK 4213.** *(Meridiana 718, autorizzata al fix VALMA via BATOX5B L5, sale livello volo 100 codice transponder 4213)*
ISS718	**CLEARED TO FIX VALMA VIA BATOX5B DEPARTURE L5 CLIMBE FLIGHT LEVEL 100 SQUAWK 4213 MERIDIANA 718.** *(Autorizzati al fix VALMA via BATOX5B, sale livello volo 100, codice 4213 Meridiana 718).*
OLBIA	**MERIDIANA 718, CLEARANCE IS CORRECT, REPORT READY FOR DEPARTURE.** *(Meridiana 718, la clearance è corretta, riporti pronto alla partenza)*
ISS718	**WILL REPORT READY MERIDIANA 718.** *(riporteremo Meridiana 718)*
ISS534	**OLBIA MERIDIANA 534, 5 MILES FINAL RUNWAY 24.** *(Olbia Meridiana 534, alle 5 miglia in finale 24)*
OLBIA	**MERIDIANA 534 OLBIA, RUNWAY 24 CLEARED TO LAND, WIND 220° 5 Kts GUSTING 18 Kts.** *(Meridiana 534 Olbia, pista 24, autorizzata all'atterraggio, vento 220° 5 nodi raffiche 18 nodi)*
ISS534	**RUNWAY 24 CLEARED TO LAND MERIDIANA 534.**

	(pista 24, autorizzata all'atterraggio Meridiana 534)
ISS718	**OLBIA MERIDIANA 718 READY FOR DEPARTURE.** *(Olbia, Meridiana 718 pronta alla partenza)*
OLBIA	**MERIDIANA 718 OLBIA, NEGATIVE STAND-BY, TRAFFIC ON FINAL.** *(Meridiana 718 Olbia, negativo in attesa, traffico in finale)*
ISS718	**ROGER MERIDIANA 718.** *(ricevuto Meridiana 718)*
OLBIA	**MERIDIANA 534 ON THE GROUND AT 35 VACATE FIRST TO THE RIGHT, TAXI TO STAND 5 VIA F-M.** *(Meridiana 534 al suolo ai 35, liberi il primo a destra parcheggio 5 via F-M)*
ISS534	**STAND 5 VIA F-M MERIDIANA 534** *(parcheggio 5 via F-M Meridiana 534)*
OLBIA	**MERIDIANA 718 OLBIA, LINE UP AND WAIT.** *(Meridiana 718, allineamento e attesa)*
ISS718	**LINE UP AND WAIT MERIDIANA 718** *(allineamento e attesa Meridiana 718)*
AZA321	**OLBIA ALITALIA 321 IS READY TO COPY.** *(Olbia Alitalia 321 pronta a copiare)*
OLBIA	**ALITALIA 321 OLBIA, CLEARED DESTINATION PISA VIA PITOR 5A ELBA CLIMBE FLIGHT LEVEL 180, SQUAWK 4342.** *(Alitalia 321 Olbia, autorizzata a destinazione Pisa, via PITOR5A ELB sale e mantiene livello volo 180, codice 4342)*
AZA321	**CLEARED DESTINATION PISA VIA PITOR 5A ELBA CLIMBE FLIGHT LEVEL 180, SQUAWK 4342 ALITALIA 321.** *(autorizzati a destinazione Pisa via PITOR5A ELB sale livello 180, codice 4342 Alitalia 321)*
OLBIA	**ALITALIA 321 CLEARANCE IS CORRECT REPORT READY FOR DEPARTURE.** *(Alitalia 321 la clearance è corretta, riporti pronta alla partenza)*
AZA321	**READY NOW FOR DEPARTURE ALITALIA 321.** *(pronto alla partenza Alitalia 321)*
OLBIA	**MERIDIANA 718 OLBIA, RUNWAY 24 CLEARED FOR TAKE-OFF WIND 220° 5 Kts GUSTING 18 Kts,**

	(Meridiana 718 Olbia, pista 24 autorizzata al decollo, vento 220°5nodi raffiche 18 nodi)
ISS718	**RUNWAY 24, CLEARED FOR TAKE-OFF MERIDIANA 718.** *(pista 24, autorizzata al decollo Meridiana 718)*
OLBIA	**ALITALIA 321, LINE-UP AND WAIT RUNWAY 24.** *(Alitalia 321, allineamento e attesa pista 24)*
AZA321	**LINE-UP AND WAIT RUNWAY 24 ALITALIA 321** *(allineamento e attesa pista 24 Alitalia 321)*
OLBIA	**MERIDIANA 718, AIRBORNE AT 37, CONTANC OLBIA RADAR 118.975.** (Meridiana 718, in volo ai 37, contatti Olbia Radar 118.975)
ISS718	**OLBIA RADAR 118.975 MERIDIANA 718.** *(Olbia Radar 118.975 Meridiana 718)*
OLBIA	**ALITALIA 321 OLBIA, RUNWAY 24 CLEARED FOR TAKE-OFF WIND 220° 5 Kts GUSTING 18 Kts.** *(Alitalia 321 Olbia, Pista 24, autorizzata al decollo, vento 220°5nodi raffiche 18 nodi)*
AZA321	**RUNWAY 24, CLEARED FOR TAKE-OFF ALITALIA 321.** *(Pista 24, autorizzata al decollo, Alitalia 321)*
OLBIA	**ALITALIA 321, AIRBORNE AT 39, CONTACT OLBIA RADAR 118.975.** *(Alitalia 321, in volo ai 39, contatti Olbia Radar 118.975)*
AZA321	**OLBIA RADAR 118.975 ALITALIA 321.** *(Olbia Radar 118.975 Alitalia 321)*

VOLI MILITARI

Tornado PANTE80

80	**OLBIA TOWER PANTE 80, LEAVING GATE EAST 3000 FT.** *Olbia torre, PANTE80, lascia il cancello est 3000piedi.*
TWR	**PANTE80 Olbia, QNH 1016 JOIN INITIAL RWY 24.** *Pante 80 Olbia, QNH 1016, riporti l'iniziale pista24.*
80	**WILCO PANTE80** *Farà Pante 80*
80	**Olbia, PANTE 80 INITIAL** *Olbia, Pante 80 iniziale*
TWR	**PANTE80, REPORT ON THE BREAK, LEFT.** *Pante 80, riporti l'apertura, sinistra*
80	**OLBIA, PANTE 80 ON THE BREAK LEFT** *Olbia, Pante 80 apertura a sinistra*
TWR	**PANTE80 REPORT BASE WITH CHECKS COMPLETED** **Oppure** **PANTE80 REPORT BASE WITH LANDING GEAR DOWN AND LOCK** *Pante80 riporti base con i controlli completati* *Oppure* *Pante80 riporti la base con il carrello esteso e bloccato*
80	**WILCO PANTE 80** *Farà Pante 80*
80	**Olbia, PANTE80 BASE WITH LANDING GEAR DOWN AND LOCK** **Oppure** **Olbia PANTE80 BASE WITH CHECKS COMPLETED** *Olbia, Pante80 base con il carrello esteso e bloccato* *Oppure* *Olbia Pante 80, base con i controllo completati*
TWR	**PANTE 80, RUNWAY 24 CLEARED TO LAND WIND 260°5Kts** *Pante80, pista 24 autorizzato all'atterraggio, vento 260°5nodi.*

Nelle fasi successive al riporto in base da parte del traffico militare JET, il controllore (di norma) ridurrà al minimo le comunicazioni T/B/T fino a non effettuare più alcuna comunicazione dopo aver autorizzato il traffico all'atterraggio.

Questa è una normale procedura, in quanto il traffico militare in atterraggio, può riportare la necessità di impiego del cavo/barriera di arresto:

Es. PANTE80, cable cable cable.
   TWR, PANTE80 Check Hook down.

Esempi Pratici di Fraseologia

Fraseologia
Servizio di Controllo
Avvicinamento Procedurale

VOLI VFR

Aeromobili presenti nella simulazione: I-DANY(NY), I-SAMY (MY),
Ente del Traffico Aereo: Olbia Approach (Avvicinamento).

NY	**OLBIA APPROACH GOOD DAY I-DANY** *(Olbia avvicinamento buongiorno I-DANY)*
Avv.to	**I-DANY OLBIA GOOD DAY**
NY	**OLBIA, I-DANY C172 FROM ALGHERO TO YOU, INBOUND CALANGIANUS 5000FT, ESTIMATE CALANGIANUS AT 43 REQUEST TO JOIN YOUR CONTROLLET AIRSPACE FOR LANDING.** *(Olbia, I-DANY C172 da Alghero a voi, diretti a Calangianus 5000ft, stimato ai 43, richiede l'autorizzazione all'ingresso nel CTR per l'atterraggio)*
Avv.to	**I-NY Olbia, CLEAR TO JOIN OLBIA CONTROL ZONE, RUNWAY IN USE 23 WIND 260°7Kts QNH 1016, AFTER CALANGIANUS PROCIDE TO MONTEPINO 3000 FT, REPORT CALANGIANUS.** *(I-NY Olbia, autorizzato all'ingresso nel CTR, pista in uso 23 vento 260°7nodi QNH 1016, dopo Calangianus proceda Montepino a 3000 piedi, riporti Calangianus)*
NY	**QNH 1016, WILL REPORT CALANGIANUS I-NY** *(QNH 1016 riporterò Calangianus I-NY)*
MY	**OLBIA APPROACH GOOD DAY I-SAMY** *(Olbia avvicinamento buongiorno I-SAMY)*
Avv.to	**I-SAMY Olbia buongiorno**
MY	**I-SAMY AIRBORNE FROM OLBIA DESTINATION ALGHERO, INBOUND MONTEPINO 2000 FT, NEXT REPORTING POINT WILL BE CALANGIANUS, REQUEST 6000 FT.** *(I-SAMY decollate da Olbia destinazione Alghero, diretti a Montepino 2000piedi, riporto successivo Calangianus, richiede la salita a 6000 piedi*
Avv.to	**I-MY OLBIA, QNH 1016, AFTER MONTEPINO PROCIDE TO CALANGIANUS, REPORT MONTEPINO** *(I-MY Olbia, qnh 1016, dopo Montepino proceda Calangianus, riporti Montepino)*

NY	**Olbia, I-NY LEAVING CALANGIANUS TO MONTEPINO DESCENT TO 3000 FT.** *(Olbia I-NY, lascia Calangianus per Montepino, scende 3000piedi)*
Avv.to	**I-NY Olbia, TRAFFIC PA28 FROM THE FIELD INBOUND MONTEPINO 2000FT NEXT CALANGIANUS 6000FT.** *(I-NY Olbia, traffic PA28 dal campo diretto a Montepino 2000ft, punto successivo Calangianus 6000 piedi)*
NY	**COPY THE TRAFFIC PA28, LOOKING OUT I-NY** *(copiato il traffic PA28, guarda fuori I-NY)*
Avv.to	**I-MY OLBIA, TRAFFIC C172 LEFT CALANGIANUS 5000 FT INBOUND MONTEPINO, DESCENDING 3000FT** *(I-MY Olbia, traffic C172, ha lasciato Calangianus 5000 piedi diretto a Montepino 3000 piedi)*
MY	**COPY THE TRAFFIC, LOOKING OUT, PRESENT POSITION MONTEPINO 2000FT INBOUND CALANGIANUS I-MY** *(copiato il traffico, guardiamo fuori, posizione attuale Montepino 2000 piedi procediamo Calangianus I-MY)*
Avv.to	**I-MY CONTINUE CLIMBE TO 6000 FT.** *(I-MY continui la salita a 6000 ft)*
MY	**LEAVING 2000 FT CLIMBING 6000 FT I-MY** *(lascia 2000 piedi sale a 6000 piedi I-MY)*
Avv.to	**I-NY TRAFFIC PA28 LEAVING 2000FT CLIMBING 6000FT** *(I-NY il traffic PA28 lascia 2000 piedi sale a 6000 piedi)*
NY	**COPY INFORMATION, WE HAVE TRAFFIC INSIGHT, PRESENT POSITION 2 MILES NORTH OF MONTEPINO 3000 FT, FIELD INSIGHT I-NY** *(copiato l'informazione, abbiamo il traffico in vista, posizione attuale 2 miglia nord Montepino 3000 piedi col campo in vista I-NY)*
Avv.to	**I-NY, CONTACT OLBIA TOWER FREQUENCY 125.95 CIAO** *I-NY contatta la torre di Olbia frequenza 125.95 ciao*
NY	**CONTACT OLBIA TOWER FREQUENCY 125.95 I-NY** *(contatta Olbia torre, frequenza 125.95 I-NY)*

MY	**Olbia, I-MY CALANGIANUS 6000 FT, NEXT CASTELSARDO.** *(Olbia, I-MY Calangianus 6000 piedi punto successivo Castelsardo)*
Avv.to	**I-MY CONTACT ROMA INFORMATION FREQUENCY 125.75 CIAO.** I-MY contatti Roma Informazioni frequenza 125.75, ciao
MY	**WE CONTACT ROMA INFORMATION FREQUENCY 125.75 I-MY** *Contattiamo Roma Informazioni sulla frequenza 125.75 I-MY*

VOLI IFR

Aeromobili presenti nella simulazione: ISS 718 (Meridiana), AZA 321 (Alitalia), ISS 534 (Meridiana), I-VICP.
Ente del Traffico Aereo: Olbia Approach (Avvicinamento).

I-VICP	**PAN PAN PAN PAN PAN PAN, OLBIA I-VICP, SICK PASSENGER ON-BOARD, DIVERT TO YOUR FIELD, REQUEST PRIORITY LANDING, POSITION 5 MILES INBOUND BATOX FLIGHT LEVEL 120.** *(PAN PAN PAN PAN PAN PAN, Olbia I-VICP, passeggero che stà male a bordo, dirottiamo su di voi, richiediamo priorità all'atterraggio, posizione 5 miglia dal BATOX livello volo 120)*
AVV.TO	**I-VICP OLBIA ROGER, URGENCY AT 10, NUMBER ONE IN APPROACH, RUNWAY 24 WIND 220° 5 Kts GUSTING 18 Kts, FOLLOW BATOX1C ARRIVAL EXPECT VOR ZULU APPROACH RUNWAY 24 REPORT LEAVING BATOX AND DESCENT FLIGHT LEVEL 80.** *(I-VICP Olbia roger, PAN PAN agli 10, numero uno, pista 24, vento 220°5nodi raffiche 18 nodi, segua la BATOX1C si aspetti la VOR DME P pista 24, riporti lasciando il BATOX scenda a livello volo 80.)*
I-VICP	**DESCENDING FLIGHT LEVEL 80 WILL EXPECT VOR ZULU APPROACH RUNWAY 24, WILL REPORT BATOX I-VICP** *(scendiamo livello volo 80, BATOX1C ci aspettiamo VOR DME P24, riporteremo lasciando il BATOX I-VICP)*
AVV.TO	**I-VICP, WIND 220° 5 Kts GUSTING 18 Kts, VISIBILITY MORE 10 Km, SCATTERED 4000 ft ,TEMPERATURE 21° DEW-POINT 13°, QNH 1020, TRANSITION LEVEL 70.** *(I-VICP, vento 220°5nodi raffiche 18 nodi, visibilità più 10 kilometri, scattered 4000ft temperatura 21° rugiada 13° QNH 1020 livello transizione 70)*
I-VICP	**RUNWAY 24, QNH 1020 TRANSITION LEVEL 70 I-VICP** *(pista 24, QNH 1020, transizione 70, I-VICP)*
I-VICP	**OLBIA I-VICP, BATOX AT FLIGHT LEVEL 80.**

	(Olbia I-VICP, BATOX a livello 80)
AVV.TO	**I-VICP OLBIA, DESCENT to 4000ft QNH1020** **TRANSITION LEVEL 70, REPORT MILIS** *(I-VICP Olbia, scenda 4000 ft e riporti il MILIS QNH1020* *Livello transizione 70)*
I-VICP	**WILL REPORT MILIS DESCENT TO 4000 QNH 1020** **TRANSITION LEVEL 70 I-VICP.** *(riporteremo MILIS scende 4000 piedi QNH1020 transizione* *70 I-VICP)*
I-VICP	**OLBIA I-VICP MILIS 4000 ft.**
AVV.TO	**I-VICP OLBIA, CLEARED VOR ZULU APPROACH** **RUNWAY 24, REPORT 10 MILES ON FINAL.** *(I-VICP Olbia, autorizzato alla VOR DME P pista 24, riporti* *10 miglia in finale)*
I-VICP	**CLEARED VOR ZULU APPROACH RUNWAY 24,** **WILL REPORT 10 MILES FINAL RUNWAY 24 I-VICP.** *(autorizzato VOR DME P pista 24, riporterò I-VICP)*
I-VICP	**OLBIA I-VICP 10 MILES FINAL RUNWAY 24.** *(Olbia I-VICP 10 miglia in finale 24)*
AVV.TO	**I-VICP OLBIA, CONTINUE THE APPROACH,** **CONTACT OLBIA TOWER 125.95.** *(I-VICP Olbia, continui l'avvicinamento e contatti la torre* *sulla 125.95)*
I-VICP	**OLBIA TOWER 125.95 I-VICP** *(Olbia torre 125.95 I-VICP)*
ISS534	**OLBIA APPROACH MERIDIANA 534.** *(Olbia avvicinamento Meridiana 534)*
AVV.TO	**MERIDIANA 534 OLBIA**
ISS534	**OLBIA MERIDIANA 534, 5 MILES INBOUND POZZO** **POINT FLIGHT LEVEL 90 RELEASED BY ROMA** **RADAR.** *(Olbia Meridiana 534, 5 miglia dal POZZO livello volo 90* *rilasciati da Roma)*
AVV.TO	**MERIDIANA 534 OLBIA, REPORT POZZO AND** **REPORT READY TO COPY WEATHER CONDITIONS.** *(Meridiana 534 Olbia, riporti il POZZO e riporti pronto a* *copiare la meteo)*
ISS534	**WILL REPORT POZZO AND READY TO COPY** **MERIDIANA 534.**

	(riporterò POZZO, pronto a copiare la Meridiana 534)
AVV.TO	**MERIDIANA 534 OLBIA RUNWAY 24, WIND 220° 5 Kts GUSTING 18 Kts, VISIBILITY MORE 10 Km, SCATTERED 4000 ft TEMPERATURE 21° DEW-POINT 13°, QNH 1020 TRANSITION LEVEL 70 , EXPECT VOR (x) X-RAY APPROACH RUNWAY 24** *(Meridiana 534 Olbia, pista 24, vento 220°5nodi raffiche 18 nodi, visibilità più 10 kilometri, scattered 4000 piedi, temperature 21°, rugiada 13° QNH 1020 livello transizione 70, si aspetti la VOR X pista 24)*
ISS534	**RUNWAY 24 QNH 1020 TRANSITION LEVEL 70, EXPECTING VOR X-RAY (X) RUNWAY 24 MERIDIANA 534.** *(pista 24, QNH 1020 transizione 70, VOR DME S 24 Meridiana 534)*
ISS534	**OLBIA MERIDIANA 534 POZZO FLIGHT LEVEL 90** *(Olbia Meridiana 534, POZZO livello 90)*
AVV.TO	**MERIDIANA 534 OLBIA, REPORT SMERALDA DESCENT 5000 ft. QNH 1020 TRANSIZIONE 70** *(Meridiana 534 Olbia, riporti SME scenda a 5000 piedi qnh 1020 transizione 70)*
ISS534	**WILL REPORT SMERALDA, LEAVING FLIGHT LEVEL 90 DESCENDING 5000 ft QNH 1020 TRANSITION LEVEL 70 MERIDIANA 534.** *(riporteremo SME, scendiamo a 5000 piedi qnh 1020 transizione 70 Meridiana 534)*
ISS534	**OLBIA, MERIDIANA 534 SMERALDA 5000 ft**
AVV.TO	**MERIDIANA 534 OLBIA, CLEARED VOR X-RAY RUNWAY 24 REPORT 8 MILES FINAL, NUMBER ONE.** *(Meridiana 534 Olbia, autorizzato VOR XRAY pista 24, riporti 8 miglia in finale numero uno)*
ISS534	**CLEARED VOR XRAY RUNWAY 24, WILCO MERIDIANA 534** *(autorizzato VOR DME S pista 24, faremo Meridiana 534)*
ISS534	**OLBIA MERIDIANA 534 8 MILES FINAL RUNWAY 24.** (Olbia Meridiana 534, 8 miglia in finale pista 24)
AVV.TO	**MERIDIANA 534 OLBIA, CONTACT OLBIA TOWER 125.95.**

	(Meridiana 534, contatti la torre 125.95)
ISS534	**OLBIA TOWER 125.95 MERIDIANA 534.**
ISS718	**OLBIA APPROACH MERIDIANA 718**
AVV.TO	**MERIDIANA 718 OLBIA.**
ISS718	**OLBIA, MERIDIANA 718 JUST AIRBORNE PERFORMING BATOX 5B PASSING 2500 ft.** *(Olbia Meridiana 718, appena decollato, seguiamo la BATOX5B passiamo 2500 piedi)*
AVV.TO	**MERIDIANA 718 OLBIA, PROCIDE AS CLEAR REPORTO PASSING FLIGHT LEVEL 80.** *(Meridiana 718 Olbia, proceda come autorizzato e riporti passando livello 80)*
ISS718	**PROCIDE AS CLEAR, WILL REPORT PASSING FLIGHT LEVEL 80 MERIDIANA 718.** *(procede come autorizzato, riporterò passando livello 80, Meridiana 718)*
AZA321	**OLBIA APPROACH ALITALIA 321, JUST AIRBORNE PASSING 2300 ft ON PITOR 5B DEPARTURE.** *(Olbia avvicinamento Alitalia 321, appena decollate, passiamo 2300 piedi sulla PITOR 5B)*
AVV.TO	**ALITALIA 321 OLBIA, PROCIDE AS CLEAR REPORT PASSING FLIGHT LEVEL 70.** *(Alitalia 321 Olbia, prosegua come autorizzato e riporti passando 70)*
AZA321	**PROCIDE AS CLEAR, WILL REPORT PASSING FLIGHT LEVEL 70 ALITALIA 321.** *(procede come autorizzato, riporteremo passando 70 Alitalia 321)*
ISS718	**OLBIA, MERIDIANA 718 PASSING LEVEL 80.** *(Olbia, Meridiana 718 passa livello 80)*
AVV.TO	**MERIDIANA 718 OLBIA, CONTACT ROMA CONTROL FREQUENCY 132.525** *(Meridiana 718, contatti Roma 132.525)*
ISS718	**ROMA CONTROL 132.525, MERIDIANA 718** *(Roma 132.525 Meridiana 718)*
AZA321	**OLBIA ALITALIA 321 PASSING FLIGHT LEVEL 70** *(Olbia Alitalia 321 passa livello volo 70)*
AVV.TO	**ALITALIA 321, CONTINUE CLIMBE LEVEL 120 REPORT PASSING FLIGHT LEVEL 100**

	(Alitalia 321, continui la salita a livello 120 e riporti passando 100)
AZA321	**CONTINUE TO FLIGHT LEVEL 120, WILL REPORT PASSING FLIGHT LEVEL 100, ALITALIA 321.** *(Continua la salita a livello volo 120, riporterò passando livello volo 100 Alitalia 321)*
AZA321	**OLBIA ALITALIA 321, PASSING FLIGHT LEVEL 100.** *(Olbia, Alitalia 32, passa livello di volo 100)*
AVV.TO	**ALITALIA 321 OLBIA, CONTACT ROMA CONTROL FREQUENCY 132.525** *(Alitalia 321 Olbia, contatti Roma 132.525)*
AZA321	**CONTACT ROMA CONTROL FREQUENCY 132.525 ALITALIA 321.** *(Contatta Roma Controllo, 132.525 Alitalia 321)*

Esempi Pratici di Fraseologia

Fraseologia
Servizio di Controllo
Avvicinamento Radar

VOLI IFR

Aeromobili presenti nella simulazione: ISS 718 (Meridiana), AZA 321 (Alitalia), ISS 534 (Meridiana), I-VICP.
Ente del Traffico Aereo: Olbia Radar (Avvicinamento).

I-VICP	**PAN PAN PAN PAN PAN PAN, OLBIA I-VICP, SICK PASSENGER ON-BOARD, DIVERT TO YOUR FIELD, REQUEST PRIORITY LANDING, POSITION 5 MILES INBOUND BATOX FLIGHT LEVEL 120, RELEASED BY ROMA RADAR** *(pan pan pan pan pan pan, Olbia I-VICP, ho un passeggero che sta male, chiediamo il dirottamento sul vostro campo, chiediamo priorità, posizione 5 miglia dal BATOX livello 120)*
RADAR	**I-VICP OLBIA ROGER, SQUAWK IDENT 4220NUMBER ONE IN APPROACH, RUNWAY 24 WIND 220° 5 Kts GUSTING 18 Kts, QNH 1020 TRANSITION LEVEL 70, INFORMATION DELTA.** *(I-VICP Olbia, identifica 4220, numero uno, pista 24 vento 220°5nodi QNH 1020 transizione 70 informazioni Delta)*
I-VICP	**NUMBER ONE, SQUAWKING 4220 I-VICP** *(numero uno, identifica 4220, QNH 1020 transizione 70 I-VICP)*
RADAR	**I-VICP OLBIA, RADAR CONTACT, POSITION 3 MILES NORTH EAST FROM BATOX, DESCENT FLIGHT LEVEL 80. FOLLOW BATOX1C EXPECT VOR ZULU RWY24** *(I-VICP Olbia, contatto radar, posizione 3 miglia nord est BATOX, scenda livello volo 80, segua la BATOX1C si aspetti la VOR ZULU pista 24)*
I-VICP	**DESCENDING FLIGHT LEVEL 80, FOLLOW BATOX1C ARRIVAL EXPECTING VOR DME PAPA APPROACH RUNWAY 24, I-VICP.** *(scende livello 80, segue la BATOX1C ci aspettiamo la VOR DME PAPA pista 24 I-VICP)*
RADAR	**I-VICP OLBIA, CONTINUE DESCENT TO 4000 ft, QNH 1020 TRANSITION LEVEL 70.** *(I-VICP continui la discesa a 4000 ft, QNH 1020 transizione 70)*

I-VICP	**CONTINUE DESCENT TO 4000 ft QNH 1020 TRANSITION LEVEL 70 I-VICP.** *(continui la discesa a 4000 ft, QNH 1020 transizione 70 I-VICP)*
RADAR	**I-VICP OLBIA, CLEARED VOR DME PAPA APPROACH RUNWAY 24, POSITION MILIS, CONTACT OLBIA TOWER FREQUENCY 125.95.** *(I-VICP Olbia, autorizzato alla VOR DME papa pista 24, posizione MILIS, contatti Olbia torre frequenza 125.95)*
I-VICP	**CLEARED VOR DME PAPA APPROACH RUNWAY 24, CONTACT OLBIA TOWER FREQUENCY 125.95 I-VICP.** *(autorizzato alla VOR DME papa pista 24, contatto Olbia torre frequenza 125.95)*
ISS534	**OLBIA RADAR MERIDIANA 534.**
RADAR	**MERIDIANA 534 OLBIA**
ISS534	**OLBIA MERIDIANA 534, 5 MILES NORTH POZZO FLIGHT LEVEL 110.** *(Olbia, meridiana 534, 5 miglia nord POZZO livello 110)*
RADAR	**MERIDIANA 534 OLBIA, SQUAWK IDENT, INFORMATION DELTA.** *(meridiana 534 Olbia, identifichi, informazioni delta)*
RADAR	**MERIDIANA 534 OLBIA, RADAR CONTACT POSITION POZZO, CLEARED TO SMERALDA VIA POZZO1C ARRIVAL, DESCEND 5000 ft QNH 1020 TRANSITION LEVEL 70 EXPECT VOR XRAY APPROACH RUNWAY 24, WIND 220° 5 Kts GUSTING 18 Kts,** *(Meridiana 534 Olbia, contatto radar posizione POZZO, autorizzato a Smeralda via POZZO1C, scenda 5000ft QNH 1020, livello transizione 70, si aspetti la VOR XRAY pista 24 vento 220° 5 nodi raffiche 18 nodi)*
ISS534	**DESCENDING 5000 ft QNH 1020 TRANSITION LEVEL 70 CLEAR TO SMERALDA VIA POZZO1C ARRIVAL, EXPECTING VOR XRAY RUNWAY 24 MERIDIANA 534.** *(scende 5000ft, QNH1020 livello transizione 70, autorizzato a smeralda via pozzo1c, ci aspettiamo la VOR XRAY pista 24 Meridiana 534)*

RADAR	**MERIDIANA 534 OLBIA, CLEARED VOR XRAY RUNWAY 24 NUMBER ONE.** (meridiana534 Olbia, autorizzato alla VOR XRAY pista 24, numero uno)
ISS534	**CLEARED VOR XRAY RUNWAY 24, MERIDIANA 534** (autorizzati VOR XRAY pista 24, meridiana 534)
RADAR	**MERIDIANA 534 OLBIA, 9 MILES FROM TOUCH-DOWN CONTACT OLBIA TOWER FREQUENCY 125.95.** *(meridiana 534, 9 miglia dal contatto, contatti Olbia torre frequenza 125.95)*
ISS534	**OLBIA TOWER FREQUENCY 125.95 MERIDIANA 534.** *(contatta Olbia torre frequenza 125.95 Meridiana 534)*
ISS718	**OLBIA Radar BUONGIORNO, MERIDIANA 718 JUST AIRBORNE PERFORMING BATOX 5B PASSING 2500 ft.** *(Olbia radar, meridiana 718, appena decollato, segue la Batox5B, passando 2500 piedi)*
RADAR	**MERIDIANA 718 OLBIA, RADAR CONTACT, PASSING 5000ft RIGHT TURN CLEAR DIRECT TO BATOX CLIMBE FLIGHT LEVEL 180.** *(Meridiana 718 Olbia, contatto Radar, passando 5000ft viri a destra e proceda diretto al BATOX, salga livello di volo 180)*
ISS718	**RADAR CONTACT, PASSING 5000FT TURN RIGHT DIRECT TO BATOX, CONTINUE CLIMBE FLIGHT LEVEL 180 MERIDIANA 718.** (contatto radar, *passando 5000ft viro a destra e procedo diretto al BATOX, salgo livello di volo 18, Meridiana 718)*
AZA321	**OLBIA RADAR ALITALIA 321, JUST AIRBORNE PASSING 2300 ft ON PITOR 5B DEPARTURE.** *(Olbia radar Alitalia 321, decollate, passando 2300 piedi, sulla Pitor5B)*
RADAR	**ALITALIA 321 OLBIA, RADAR CONTACT, PROCIDE PITOR5B, CONTINUE CLIMBE FLIGHT LEVEL 160.** *(Alitalia 321, contatto radar, proceda sulla pitor5B, continui la salita livello volo 160)*
AZA321	**RADAR CONTACT, PROCIDE PITOR5B, CONTINUE CLIMBE FLIGHT LEVEL 160, ALITALIA 321.**

	(contatto radar, proceda sulla pitor5B, continui la salita livello volo 160, Alitalia 321)
RADAR	**MERIDIANA 718 OLBIA, CONTACT ROMA CONTROL FREQUENCY 132.52** *(meridiana 718 Olbia, contatta Roma controllo sulla 132.52)*
ISS718	**ROMA CONTROL 132.52, MERIDIANA 718**
RADAR	**ALITALIA 321 OLBIA, TURN RIGHT DIRECT TO PITOR.** *(Alitalia 321 Olbia, viri a destra diretto PITOR)*
AZA321	**RIGHT DIRECT TO PITOR ALITALIA 321.** *(vira a destra diretto PITOR Alitalia 321)*
RADAR	**ALITALIA 321 OLBIA, CONTACT ROMA CONTROL FREQUENCY 132.525.** *(Alitalia 321, contatti Roma controllo frequenza 132.525)*
AZA321	**CONTACT ROMA CONTROL FREQUENCY 132.525 ALITALIA 321.** *(contatto Roma controllo frequenza 132.525 Alitalia 321)*

VOLI VFR

I voli VFR, all'interno di un CTR, ove è previsto il servizio di sorveglianza del Traffico Aereo (servizio Radar), sono gestiti alla stregua dei voli VFR nei CTR non "Radarizzati", con la sola eccezione al fatto che i voli VFR in CTR "radarizzati" possono essere identificati e monitorati.
 Inoltre qualora vi sia necessità, essi possono ottenere l'assistenza necessaria, quale la Magnetic Track (vettore) per il campo o per un punto significativo, il quale non si configura come un "vettoramento" vero e proprio ma un suggerimento in termini di rotta magnetica, sta al pilota la responsabilità di separarsi dagli ostacoli.

La fraseologia VFR, in spazi aereo ove è previsto il servizio di sorveglianza è uguale a quella in spazi aerei "procedurali", fatta eccezione al fatto che si potrebbe chiedere di inserire un codice SSR, oppure attuare tutte le procedure di identificazione radar previste, e sentirsi poi riportare la dicitura "Radar Contact" o "Identify" (Contatto Radar o Identificato).

Esempi Pratici di Fraseologia

Fraseologia
Servizio di Controllo di Regione

VOLI IFR

Aeromobili presenti nella simulazione: ISS 718 (Meridiana), AZA 321 (Alitalia), ISS 534 (Meridiana).
Ente del Traffico Aereo: Roma Controllo

ISS534	**ROMA CONTROLLO MERIDIANA 534.**
ROMA	**MERIDIANA 534 ROMA**
ISS534	**ROMA, MERIDIANA 534 LEFT AJACCIO INBOUND SMERALDA FLIGHT LEVEL 280** *(Meridiana 534, abbiamo lasciato Ajaccio diretti a Smeralda, livello di volo 280)*
ROMA	**MERIDIANA 534 ROMA, SQUAWK IDENT** *(Meridiana 534, identifichi)*
ISS534	**SQUAWKING IDENT 4335, MERIDIANA 534** *(Identifica 4335, meridiana 534)*
ROMA	**MERIDIANA 534 ROMA, RADAR CONTACT POSITION 30 MILES NORTH WEST POZZO, DESCENT FLIGHT LEVEL 110.** *(Meridiana 534, contatto radar, posizione 30 miglia nord ovest Pozzo, scenda livello di volo 110)*
ISS534	**RADAR CONTACT POSITION 30 MILES NORTH WEST POZZO, DESCENT FLIGHT LEVEL 110. MERIDIANA 534** *(contatto radar, posizione 30 miglia nord ovest Pozzo, scendiamo livello di volo 110, Meridiana 534)*
ROMA	**MERIDIANA 534 ROMA, POSITION 10 MILES NORTH OF POZZO, CONTACT OLBIA RADAR FREQUENCY 118.975.** *(Meridiana 534, 10 miglia nord del Pozzo, contatta olbia radar frequenza 118.975)*
ISS534	**CONTACT OLBIA RADAR FREQUENCY 118.975 MERIDIANA 534** *(Contatta Olbia radar frequenza 118.975, Meridiana 534)*
ISS718	**ROMA RADAR MERIDIANA 718.**
ROMA	**MERIDIANA 718 ROMA, RADAR CONTACT PROCIDE AS CLEAR, REPORT FINAL LEVEL REQUEST.**

	(Meridiana 718 Roma, contatto radar, prosegua come autorizzato, riporti il livello finale richiesto)
ISS718	**PROCIDE AS CLEAR, REQUEST FLIGHT LEVEL 180 FINAL. MERIDIANA 718** *(contatto radar, prosegue come autorizzato, finale richiesto livello volo 180, Meridiana 718)*
ROMA	**MERIDIANA 718 ROMA, CLIMBE FLIGHT LEVEL 180** *(meridiana 718, salga livello volo 180)*
ISS718	**CLIMBE FLIGHT LEVEL 180, MERIDIANA 718** *(sale livello volo 180, meridiana 718)*
AZA321	**ROMA, ALITALIA 321, INBOUND ELBA PASSING LEVEL 120.** *(Roma, Alitalia 321, diretto Elba, passa livello 120)*
ROMA	**ALITALIA 321 ROMA, PROCIDE AS CLEAR, CLIMBE LEVEL 200 REPORT FINAL LEVEL REQUEST.** *(Alitalia 321, proceda come autorizzato, salga livello volo 200 e riporti il livello finale richiesto)*
AZA321	**CONTINUE CLIMBE LEVEL 200, REQUEST LEVEL 260 FINAL, ALITALIA 321.** *(continua la salita a livello 200, livello finale richiesto 260 Alitalia 321)*
ROMA	**ALITALIA 321 ROMA, FLIGHT LEVEL 260 IS NOT AVAILABLE DUE TO TRAFFIC, DO YOU PREFER FLIGHT LEVEL 240 OR 280, ADVISE.** *(alitalia 321, livello 260 non disponibile causa traffico, scelga livello 240 o livello 280, avvisi)*
AZA321	**ROMA, ALITALIA 321, REQUESTING FLIGHT LEVEL 240.** *(Alitalia 321 richiede livello volo 240)*
ROMA	**ALITALIA 321, CONTINUE CLIMBE FLIGHT LEVEL 240.** *(Alitalia 321, continui la salita livello volo 240)*
AZA321	**CONTINUE CLIMBE FLIGHT LEVEL 240, ALITALIA 321.** (continua la salita a livello 240, Alitalia 321)

ROMA	**MERIDIANA 718 ROMA, CLEAR TO DESTINATION FIUMICINO VIA VALMA TAQ, REPORT READY TO DESCENT.** *(meridiana 718, autorizzato a destinazione Fiumicino via Valma Tarquinia, riporti pronto alla discesa)*
ISS718	**CLEARED TO FIUMICINO VIA VALMA TARQUINIA, WILL REPORT READY TO DESCENT MERIDIANA 718.** *(autorizzato a destinazione Fiumicino via Valma Tarquinia, riporterò pronto alla discesa Meridiana 718)*
ISS718	**ROMA, MERIDIANA 718 REQUEST DESCENT** *(Roma meridiana 718, richiede la discesa)*
ROMA	**MERIDIANA 718 ROMA, DESCENT FLIGHT LEVEL 100, RUNWAY 16L IN FIUMICINO** *(Meridiana 718, scenda a livello volo 100, pista 16L a Fiumicino, QNH1020, transizione 70)*
ISS718	**DESCENT LEVEL 100 RUNWAY 16L MERIDIANA 718** *(scende livello 100, pista 16L Meridiana 718)*
AZA321	**ROMA, ALITALIA 321 REQUEST DESCENT** *(Roma, Alitalia 321 richiede la discesa)*
ROMA	**ALITALIA 321, ROMA, DESCENT FLIGHT LEVEL 160.** *(Alitalia 321, scenda livello volo 160)*
AZA321	**DESCENDING LEVEL 160 ALITALIA 321.** *(scende livello volo 160, Alitalia 321)*
ROMA	**MERIDIANA 718 ROMA, CONTINUE DESCENT TO 6000 ft QNH 1020 TRANSITION LEVEL 70, REDUCE SPEED TO 210 Kts.** *(meridiana 718, continui la discesa a 6000ft qnh 1020 livello di transizione 70, riduca la velocità a 210 nodi)*
ISS718	**CONTINUE DESCENT TO 6000 ft QNH 1020 TRANSITION LEVEL 70. REDUCING SPEED TO 210 Kts, WILCO MERIDIANA 718.** *(continua la discesa a 6000ft qnh 1020 livello di transizione 70, riduco la velocità a 210 nodi meridiana 718)*
ROMA	**ALITALIA 321 ROMA, POSITION 20 MILES NORTH ELBA, CONTACT PISA RADAR FREQUENCY 124.275**

	(Alitalia 321, posizione 20 miglia nord elba, contatta Pisa radar frequenza 124.275)
AZA321	**PISA RADAR FREQUENCY 124.275 ALITALIA 321.** *(contatto pista radar frequenza 124.275, Alitalia 321)*
ROMA	**MERIDIANA 718 ROMA, REDUCE SPEED TO 180 Kts ,CONTINUE DESCENT 3000 ft, CLEARED ILS APPROACH 16L, REPORT ILS ESTABLISH** *(meridiana 718, riduca la velocità 180 nodi, scenda 3000 piedi, autorizzato ILS pista 16L riporti stabile)*
ISS718	**DESCENDING 3000 ft, REDUCING SPEED 180 Kts, CLEARED ILS APPROACH 16L, WILL REPORT ILS ESTABLISH MERIDIANA 718.** *(scende 3000 piedi, reduce la velocità 180 nodi, autorizzato ILS 16L riporterò stabile Meridiana 718)*
ISS718	**ROMA, MERIDIANA 718 ESTABLISH ILS 16L.** *(meridiana 718 stabile ILS 16L)*
ROMA	**MERIDIANA 718, 8 MILES FROM TOUCH DOWN, CONTACT FIUME TOWER FREQUENCY 118.10.** *(Meridiana 718, 8 miglia dal contatto, contatta fiume torre frequenza 118,10)*
ISS718	**FIUME TOWER FREQUENCY 118.10 MERIDIANA 718.** *(contatto fiume torre frequenza 118.10, meridiana 718)*

Esempi Pratici di Fraseologia

Fraseologia
Servizio di Informazioni Volo
FIC

SERVIZIO INFORMAZIONI VOLO
FIC

Aeromobili presenti nella simulazione: I-SAMY, I-DANY
Ente del Traffico Aereo: Roma Informazioni

NY	**Roma Information, I-NY LEAVING CASTELSARDO 5000 FT INBOUND CALANGIANUS, ESTIMATE AT 43** *(Roma Informazioni, I-NY lascia Castelsardo 5000 piedi diretto a Calangianus, stimato ai 43)*
FIC	**I-NY Roma, REPORT CALANGIANUS.** *(I-NY Roma, riporti Calangianus)*
NY	**WILCO I-NY** *(farà I-NY)*
NY	**Roma Information I-NY CLOSE TO CALANGIANUS.** *(Roma informazioni, I-NY prossimo a Calangianus)*
FIC	**I-NY CONTACT OLBIA APPROACH FREQUENCY 118.95** *I-NY contattiOlbia avvicinamento frequenza 118.95 ciao*
NY	**CONTACT Olbia APPROACH FREQUENCY 118.95 I-NY** *Contatta Olbia avvicinamento frequenza 118.95 I-NY*
MY	**Roma Information I-SAMY**
FIC	**I-SAMY ROMA INFORMATION, TIME CHECK 50, QNH 1016** *(I-SAMY Roma Information, stop orario 50, QNH1016)*
MY	**Roma, I-SAMY, QNH 1016, PA28 FROM OLBIA TO ALGHERO, LEFT CALANGIANUS AT 47 INBOUND CASTELSARDO 6000 FT ESTIMATE 58, NEXT WILL BE SASSARI** *Roma I_SAMY, QNH1016, PA28 da Olbia a Alghero, lasciato Calangianus ai 47 diretto a Castelsardo 6000 piedi stimato ai 58, riporto successivo Sassari.*
FIC	**I-MY Roma, WEATHER INFORMATION, BETWEEN CASTELSARDO AND SASSARI, C172 REPORT MODARETE TURBULENCE FROM 3000FT TO 5000 FT. REPORT Castelsardo.**

	I-MY Roma, informativa meteo, fra Castelsardo e Sassari un C172 ha riportato turbolenza moderata da 3000 piedi a 5000 piedi, riporti Castelsardo
MY	**COPY THE INFORMATION, WILCO I-MY** *Copiato l'informazione, farà I-MY*
MY	**Roma, I-MY DUE TO BAD WEATHER CONDITION WE DIVERT TO OLBIA, ESTIMATE CALANGIANUS AT 59.** *Roma, I-MY a causa di avverse condimeteo, divergiamo su Olbia stimo Calangianus ai 59.*
FIC	**I-MY, CONTACT OLBIA APPROACH FREQUENCY 118.95** *I-MY contatta Olbia avvicinamento sulla frequenza 118.95.*
MY	**WE CONTACT OLBIA FREQUENCY 118.95 I-MY CIAO** *Contattiamo Olbia frequenza 118.95 I-MY ciao*

INDICE

I nominativi degli aeromobili citati nel presente libro, sono puramente casuali, ogni esempio descritto è puramente strutturato per fini didattici e non rappresenta in alcun modo fatti realmente accaduti

dfazari@hotmail.com

Grazie. Daniele

Daniele Fazari, nato a Sassari nel 1982, diplomato Perito Tecnico del Trasporto Aereo (indirizzo Navigazione Aerea e Assistenza alla Navigazione Aerea) presso l'Istituto Tecnico Aeronautico "F.Baracca" di Forlì.
Dal 2003 Operatore Servizi del Traffico Aereo, prima quale FISO (Operatore del Servizio Informazioni Volo) svolto presso vari AFIU e FIC, successivamente Controllore del Traffico Aereo.
Pilota Civile di Aviazione Generale e Pilota VDS/VM-Avanzato Multiassi.
Per vari anni ho insegnato Traffico Aereo, Radiotelefonia Italiano/Inglese, Navigazione Aerea, Meteorologia e Principi del Volo presso scuola di volo.
Dal 2011, Consulente Aeronautico, iscritto all'albo dei Periti ed Esperti Categoria XXI-Attività Marittime, Aeree e di Navigazione Interna; Sub-categoria: Aeronautica (condotta della navigazione, attrezzatura e manovra degli aerei). Fra le varie attività svolte, Consulente tecnico di parte e organizzazione corsi di cultura aeronautica.

Airblu 124 Cleared for Take Off....

Cleared for Take Off...
Airblu 124

Edizioni DF A C
Edizioni DeltaFoxtrot Aviation Consulting

Edizioni DF✈AC
Edizioni DeltaFoxtrot Aviation Consulting

Milton Keynes UK
Ingram Content Group UK Ltd.
UKHW021951210624
444498UK00015B/385

9 781326 987541